EVROPA

GERHARD L. DURLACHER

Die Suche
Bericht über den Tod und das Überleben

Aus dem Niederländischen
übersetzt von
Maria Csollány

Europäische Verlagsanstalt

Die niederländische Originalausgabe erschien 1991 unter
dem Titel »De Zoektocht« bei Meulenhoff, Amsterdam
Die deutsche Ausgabe erscheint mit freundlicher Unterstützung
des Nederlands Literair Produktie- en Vertalingen Fonds, Amsterdam

Die Deutsche Bibliothek - CIP-Einheitsaufnahme
Durlacher, Gerhard L.:
Die Suche / Gerhard L. Durlacher. Aus dem Niederländ. übers. von Maria
Csollány. - Hamburg : Europäische Verlagsanstalt 1995
Einheitssacht.: De Zoektocht <dt.>
ISBN 3-434-50025-1

© 1991 by Gerhard L. Durlacher
© der deutschen Ausgabe 1995 by Europäische Verlagsanstalt, Hamburg
Umschlaggestaltung: MetaDesign, Berlin
Signet: Dorothee Wallner nach Caspar Neher »Europa« (1945)
Herstellung: Das Herstellungsbüro, Hamburg
Satz: Druckerei Wagner GmbH, Nördlingen
Druck und Bindung: Clausen & Bosse GmbH, Leck
Printed in Germany 1995

Inhalt

Die Suche

Vor mir auf dem Rollband steht ein Chassid. Ein grauschwarzer Bart liegt auf Kragen und Revers. Schläfenlocken ringeln sich unter dem breitkrempigen Filzhut hervor. Der Anzug aus schwarzem Tuch spannt sich über den athletischen Schultern.

Als ich ihn zu überholen versuche, sehe ich ein rot angelaufenes Gesicht, hinter dicken Brillengläsern glänzen einschüchternd durchdringende Augen. Der Hut sitzt auf dem Hinterkopf und wirkt zu klein. Der kaum sichtbare Mund bewegt sich, als bete er, und in der dunkelbehaarten Linken hält er den schwarzen Samtbeutel, in dem ich Gebetsmantel und Gebetsriemen vermute.

Vor dem Eingang zum Flugsteig D 52 stehen zwei israelische Sicherheitspolizisten in Hemdsärmeln, neben ihnen Grenzpolizisten in dunkelblauen Uniformen mit Karabinern. Mit scheinbarer Nonchalance mustern sie jeden Passagier, der vom Rollband kommt, wie Qualitätsprüfer. Nur die Augen bewegen sich in den Gesichtern. Die gebräunte straffe Haut verrät die Wüstensonne, und die Falten um die Augenwinkel deuten auf gespannte Aufmerksamkeit.

Ohne ihnen einen Blick zu gönnen, schreitet mein schwarzer Vorgänger an den Polizisten vorbei. Ich glaube in ihren Gesichtern den Anflug eines Lächelns zu bemerken, mich dagegen übersehen sie. Mit meiner bereits in der Halle und im *security*-Keller gründlich untersuchten Tasche gehe ich hinter ihm her.

Zwischen Gepäckstücken und gelben Plastiktüten mit zollfreien Waren bahnt sich mein Vordermann energisch einen Weg zur Glaswand im Osten, hinter der ich das riesige Flugzeug erblicke, das uns gleich in seinem Bauch aufnehmen wird. Bevor er bei der spiegelnden Scheibe anlangt, zieht er die Schnüre des

Samtbeutels auf, holt sorgsam den Gebetsriemen hervor und legt ihn rasch und geübt an. Er entfaltet den Gebetsmantel, als wolle er einen Tisch damit decken, küßt die Fransen und den Nackenteil und wirft ihn um die Schultern.

Dutzende gleich ihm in einen weißen Tallith gehüllte Männer, auf der Stirn die schwarze Lederkapsel mit den heiligen Texten, verneigen sich nach Osten und wiegen sich auf den Fußballen wie Schiffsmasten im Sturm. Unempfindlich gegen die Geräusche hinter sich, beten sie in eintönigem Singsang, dann und wann lange Klagetöne ausstoßend. Die Spiegelbilder einer Schar Chassidim von Chagall schicken über den Köpfen der nervösen, verschwitzten Männer, Frauen und Kinder in den glatten grünen Sesseln ihre Gebete zum Himmel.

Nur die nichtjüdischen Passagiere beobachten die biblische Szene mit unverhohlener Neugier: eine Kostprobe ihrer Pilgerfahrt. Die anderen Passagiere zeigen sich uninteressiert; was hier außergewöhnlich scheint, gehört für sie zum täglichen Lebensbild. Als die blonden Stewardessen in gutsitzenden himmelblauen Uniformen hereinkommen, schrecken sie auf und folgen ihnen mit gebanntem Blick. Die Chassidim murmeln unerschütterlich weiter vor dem Vogel da draußen, bis sie ihr Gebet beendet haben. Dann verstauen sie den Tallith und die Gebetsriemen gelassen in die Samtbeutel und unterhalten sich, als stünden sie auf dem Vorplatz einer Synagoge statt in der glitzernden Wartehalle eines modernen Flughafens.

Kilometerhoch über verschneiten Berggipfeln, moosgrünen Tälern und weißen Wattewolken teilen die Stewardessen routiniert die in Aluminiumfolie verpackten und mit den Aufklebern des niederländischen Oberrabbinats versehenen Mahlzeiten aus an die Männer, die ein Käppchen oder einen Hut tragen, an die Frauen, deren orthodoxe Glaubensrichtung an Kopftuch oder

Perücke kenntlich ist, und an alle anderen, die zu erkennen geben, daß sie koscher essen möchten.

Zwei Reihen vor mir entsteht Unruhe. Der Schriftgelehrte mit dem grauschwarzen Bart erhebt sich zwischen den Flugzeugsesseln. In der linken Hand hält er die verpackte Mahlzeit. Mit dem ausgestreckten Zeigefinger der Rechten fuchtelt er drohend in der Luft.

Seine Schüler und Mit-Chassidim ruft er in Jiddisch auf, die Mahlzeit nicht anzurühren, da er den Rabbiner, der für die rituelle Reinheit der Speisen verantwortlich ist, nicht kenne und ihm deshalb nicht traue. Böse spuckt er die englischen Sätze zu den herbeigelaufenen Stewardessen. Er wirft ihnen vor, man habe ihn vor dem Abflug aus Amsterdam nicht zu Rate gezogen.

Der Purser bahnt sich einen Weg durch die rundwangigen, blassen, bebrillten Jeschiwa-Schüler in Hosenträgern und weißen Hemden, unter denen die Schaufäden der *Arba Kanfoth* baumeln. Sie lassen sich kaum beiseitedrängen und bilden einen Wall aus Neugier und Schutz um ihren Lehrer. Beschwichtigend versucht der uniformierte Hofmeister den erregten Fluggast von der Verläßlichkeit des Siegels auf den Speisen zu überzeugen, bis die Lautstärke des Protestes allmählich abnimmt. Mit einem weißen Taschentuch wischt er sich die gerötete Stirn und läßt sich murrend in den Flugzeugsessel sinken.

Brummend schwebt das Flugzeug über der Wolkendecke von Europa. Über der endlosen weißen Daunendecke und unter der makellos blauen Kuppel gleicht die Zeit einen kurzen Augenblick lang der Ewigkeit. Und für diesen Augenblick schrumpft auch der Krieg, den ich überall und immer mit mir trage, zu einer Winzigkeit.

Das Ehepaar neben mir beabsichtigt, die Wallfahrtsorte im Heiligen Land zu besuchen, wie ich aus ihrem Gespräch mit einer hilfsbereiten Stewardeß entnehme, die dem Ehemann meiner in

Trevira 2000 gekleideten und mit einer neuen Dauerwelle versehenen Nachbarin Wasser für seine Medikamente bringt. Während des Vorfalls mit den frommen Reisegenossen haben sie mit tolerantem Lächeln nur leicht den Kopf geschüttelt. Die später ausgegebene, nicht-koschere Mahlzeit verzehren sie wie ich kritiklos und mit Appetit. Eifrig sammeln die himmelblauen Gastgeberinnen die Tabletts mit den Speiseresten und das schmutzige Geschirr in ihre Aluminiumwägelchen. Der Mittelgang, kaum breiter als der Rollwagen, läßt den Passagieren wenig Raum, die Beine auszustrecken.

Der inneren Uhr gehorchend, die zum *Mincha*, zum Nachmittagsgebet, mahnt, erheben sich die Männer mit den schwarzen Hüten und Gehröcken fast gleichzeitig von den Plätzen, drängen in den Mittelgang, drücken sich an den Stewardessen und ihren Wägelchen vorbei und versammeln sich vor der Pantry und den Toiletten. Dicht nebeneinander stehen sie da, Hut an Hut, Tallith an Tallith, und schaukeln von West nach Ost. Aus ihren Mündern orgelt, dumpf wie die Töne einer Baßpfeife, das Gebet.

Die Stewardessen, von den Menschenknäueln eingekeilt, warten entgeistert hinter ihren Wägelchen. Noch immer höflich, aber mit sichtlich schwindender Freundlichkeit, versuchen sie, den Andrang der Schriftgelehrten aufzuhalten. Ihre dringenden Bitten, auf den Plätzen zu bleiben, stoßen auf eine Mauer des Unverständnisses. Unbeirrt strömen nun auch die anderen Männer zum Mittelteil, wo ihre Brüder bereits laut den Herrn preisen. Kapitän und Purser glauben eine gewisse Autorität ausüben zu können und rufen die älteren, bärtigen Chassidim mit erhobener Stimme zur Ordnung auf, predigen aber tauben Ohren. Die goldenen Uniformlitzen, die Worte von Gefahr, von Behinderung der Mitpassagiere und des Personals gelten in einer anderen Welt, nicht in der des Talmuds und der Thora.

Scheinbar unbeteiligt lasse ich den Blick zwischen Wolkendecke, Kabine und der *New York Times* wandern. Ich schäme mich und möchte den Eindruck erwecken, anders zu sein als sie. Modern, gebildet, vielleicht nicht einmal jüdisch.

Neben unserer Sesselreihe laviert eine schöne dralle Stewardeß, Schweißperlen auf Stirn und Oberlippe, die Wangen vor Erregung gerötet, ihren Wagen zwischen den drängenden Schenkeln der orthodoxen Passagiere. Ein wenig zu laut und zu deutlich klingen die tröstenden Worte meiner Pilger-Nachbarn: »So sind die halt, das ist typisch für sie«, und mit erleichtertem Lächeln bestätigt die Stewardeß, daß man gegen die »Seitenlocken« immer den kürzeren zieht.

Wie Eis krachen die Worte in meinen Ohren; das Trommelfell hat »Seitenlocken« aufgefangen, aber mein Herz hat »Shylock« verstanden.

Unterwegs nach Israel, zum Archiv von Yad Vashem, wo noch unzählige Berichte aus den Ghettos und Lagern in staubigen Mappen auf Leser warten, die ihnen eine Stimme verleihen wollen, fühle ich mich durch Worte voll uraltem Gift getroffen. Auch ich bin irritiert über das große Unverständnis dieser schwarzen Chassidim gegenüber der heutigen Welt, weiß mich aber zugleich mit ihnen verbunden. Einst, vor fast vierzig Jahren in einer Baracke von Birkenau, war ihr Schicksal auch das meine. Ihr Schaukeln, Verneigen, ihr dumpf gemurmeltes Kaddisch nach den Selektionen im Lager liegen im Karbonzeitalter meines Gedächtnisses.

In der Ankunftshalle des Flughafens Lod vibriert Rufen und Zanken, Lachen und Weinen, Reden und Geschrei über dem Basso continuo der Klimaanlage.

Zwischen grellbunten Sommerhemden und Blusen löst sich das chassidische Schwarz auf, wird zum vereinzelten Tintenklecks. Junge Soldaten mit Uzis über den Schultern schlendern zwischen den Neuankömmlingen herum. Ein dunkeläugiges Mädchen in knappsitzender, beinahe koketter Polizeiuniform kontrolliert meinen Paß und fragt in singendem Sabra-Englisch nach dem Zweck meiner Reise. Ich gebe ihr den Brief des bekannten Archivars in Yad Vashem, das Passepartout zu den Berichten meiner Schicksalsgenossen. Sie sieht mich lange an, läßt die amtliche Maske fallen, nickt und flüstert: »Massel-tow«. Ich bin in Israel.

Die feuchte Wärme einer Waschküche umgibt mich, als die Pendeltür der Ankunftshalle hinter mir zufällt und ich das Gepäck auf das mühsam eroberte Wägelchen hebe. Überall auf dem Gehsteig stehen Männer in Hemdsärmeln, einige mit Käppchen, andere ohne, die »Dollars« gegen Schekel tauschen wollen und den Wechselkurs dazu zischeln. Taxifahrer vor großen, verbeulten Autos werben um Kundschaft, verhandeln gleichzeitig mit mehreren Passagieren und fahren mit den vollbesetzten Wagen in alle Richtungen davon. An einer kaum erkennbaren Bushaltestelle stehen Reisende mit Koffern und Taschen in der brennenden Sonne und schimpfen auf den öffentlichen Verkehr.

Der altmodische EGGED-Bus mit dem Zielort Jerusalem rüttelt und rumpelt. Die Deckel der Motorhaube zittern wie erregte Nasenflügel. Auf dem Zahltischchen neben dem Fahrer tanzen die Schekel. Der Gewehrkolben des Soldaten, der über die Sicherheit der Reisenden wacht, klappert auf dem blankgewetzten Metallboden wie die Hammerschläge eines Blechschmiedes. Ich sitze neben ihm und versuche mit ihm ins Gespräch zu kommen, doch er schaut scheinbar entspannt in die Runde und scheint mich nicht hören zu wollen oder zu können. Meine Stimme ertrinkt in der dröhnenden Symphonie von Motorenbrummen, vielsprachigem Geplauder und den überlauten hebräischen Nachrichten aus dem Autoradio des Busfahrers.

Sanft steigt der Weg nach Jerusalem an roten, sandigen Äckern entlang, vorbei an Wäldern mit den Namen gebefreudiger

Freunde Israels und durch roh ausgehauenen Felsformationen aus Kalkstein. Der Hang wird steiler. Das Motorengeräusch übertönt das Babylon der Mitreisenden. Im Dröhnen und in der Hitze schwindet meine Neugier für das Draußen und Drinnen und in mir nagt der Zweifel über den Sinn meiner Reise.

Am Schreibtisch zu Hause, mit Unmengen von Büchern und übervollen Aktenmappen in Reichweite schien mir alles klar, sauber und wissenschaftlich vertretbar. Kühl und distanziert habe ich mir die Frage über Leben und Tod in den deutschen Lagern gestellt, wie ein Außenstehender. In den Akten mit engbeschriebenen und vollgetippten Blättern aus mürbem, vergilbtem Nachkriegspapier habe ich meinen Weg gegraben durch Berichte unbekannter Mithäftlinge, auf der Suche nach Antwort auf die Frage: Wie hatten sie überlebt, wo waren sie gewesen und wie war ihre Befreiung?

Als ich mich dem Ort nähere, wo tausende Stimmen aus der Tiefe als Zeugnisse für spätere Generationen aufbewahrt werden, zerbröckelt meine Objektivität und vage wird mir bewußt, daß sich mein eigener Alptraum im Alptraum der anderen spiegeln wird. Ich will meine Entfremdung durchbrechen und nach Menschen suchen, die mich und meine Eltern gekannt oder gesehen haben, dort und damals, um dadurch die Vergangenheit heraufzubeschwören.

Das Gehupe in den neuen Vorstadtvierteln von Jerusalem versetzt mich in die Gegenwart zurück. Die goldgelben Steine der Wohngebäude und Häuser glitzern in der Sonne. Geschlossene Fensterläden erwecken den Eindruck, als seien sie unbewohnt, aber Männer in Hemdsärmeln, Frauen in bunten Sommerkleidern und spielende Kinder auf den Straßen widerlegen diese Vorstellung. An der Bushaltestelle schräg gegenüber vom Herzlpark stehen bebrillte junge Männer in schwarzen Anzügen mit breitkrempigen schwarzen Hüten: die Uniform der Orthodoxen. Einige schütteln wütend die Fäuste hinter dem Bus, als er sie vor ihrer Jeschiwa stehenläßt. Sind die jungen Leute hier auch so weltfremd oder fühlen sie sich über alle irdischen Gesetze erhaben?

Moderne gelbe Hotelblöcke mit Namen, die überall und nirgends zu Hause sind, säumen die Einfahrt zur Endstation in der Jaffa-Straße. Schmutzig und feindlich liegt der Omnibusbahnhof vor mir. Unser Fahrzeug hält in einer der schmuddeligen Haltebuchten. Viele andere Busse verbreiten Gestank und Lärm. Gleichgültig stehen die Busfahrer in verschwitzten Hemden neben den im Leerlauf geschalteten Fahrzeugen und ziehen an ihren Zigaretten. Auf meine in Englisch gestellte Frage, welcher der Busse zur Altstadt führe, zucken einige die Achseln, andere reagieren gar nicht. Auch Jiddisch hilft nicht weiter. Ein Fahrer mit dickem Bauch deutet mit einer Kopfbewegung zu einer Gruppe lärmender Taxichauffeure am Ende des Schutzdaches.

Einsamkeit überfällt mich, anders und heftiger als in anderen Ländern, denn hier im Gelobten Land hatte ich erwartet, zu Hause zu sein, aber man behandelt mich als einen Fremdling.

Vor den Münztelefonen, die so eng nebeneinander hängen, daß die Sprechenden das freie Ohr zuhalten müssen, damit die Laute aus dem Hörer nicht in der Kakophonie aus Stimmen und Motorengeräuschen untergehen, steht eine Schlange ungeduldig Wartender. Unsicher warte auch ich und versuche vergeblich, meine Papierschekel in Münzen für den Automaten umzutauschen. Eine ältere Frau mit Sonnenfalten und einer Haut, die lange Jahre auf dem Lande verrät, erkennt meine Notlage, gibt mir eine Telefonmünze und fragt mich: »Von wannen kimmt er?« Ihr Golda Meir-Gesicht erhellt sich: eine von uns, die nicht feindselig ist.

Die Münze erlöst mich aus der Isolation. Am anderen Ende der Strippe ist Zwi, mein Orientierungspunkt in Israel, der bewunderte kleine Chirurg wie aus Federstahl. Seit seiner Flucht aus dem

14

Lager Westerbork, die 1945 im turbulenten Palästina bei der Hagana endete, haben wir uns nur flüchtig und mit langen Zwischenpausen gesehen. Er, der feurige Liebhaber seines Landes, der bei jeder Begegnung den unerbittlichen politischen Kurs mit zunehmender Verbissenheit verteidigt, und ich, der wankelmütige Zweifler in sicherer Entfernung vom Brandherd, verwickeln uns in aussichtslose Diskussionen.

Begeistert klingt sein Schalom aus dem Hörer. Die Anweisungen für den Taxichauffeur sind knapp und deutlich. Seine Wohnung innerhalb der Mauern der Altstadt ist unerreichbar für den modernen Verkehr. Während Zwi den Weg erklärt, entsteht kein Bild vor meinen Augen, denn der Stadtteil Salomos war vor dem Sechstagekrieg für Juden nicht zugänglich.

Hinter dem feuchten Rücken des Taxifahrers, aus dessen Autoradio arabische Musik dudelt, sitze ich auf der Kante der hinteren Sitzbank, um keines der atemberaubenden Bilder zu versäumen, die an den Fenstern des klapprigen Autos vorbeigleiten. Koptische Priester mit dicken Haarknoten, griechische Popen in schwarzen Kutten mit Hüten wie Ofenrohre, Nonnen mit weißen Hauben – Schwäne auf dem Trockenen –, Chassidim in tristem Dunkel, Araber in flatternden *Dschelabas* mit *Babuschen* und weißer *Kaffia* als zweckmäßiger Kopfbedeckung, Israelis in europäischer Sommerkleidung mit oder ohne Käppchen, oft nicht größer als die Tonsur der Franziskaner in braunen Kutten. Vor dem Hintergrund der verwitterten Mauern der Stadt König Davids bewegen sich die Würdenträger der Weltreligionen friedlich neben- und durcheinander wie Schiffe in der Nacht.

Mitten zwischen Betonmischern, Stapeln goldgelber Steine, Zementsäcken und Sandhaufen bleibt mein Taxi stehen. Mit einer mürrischen Handbewegung gibt der Chauffeur zu verstehen, die Fahrt sei hier zu Ende, die Adresse auf dem Zettel, den ich ihm nochmals vorhalte, müsse irgendwo hinter den noch nicht fertigen

Wohnhäusern liegen. Hilflos stehe ich mit Tasche und Koffer auf der Baustelle.

Zwei Passanten kennen die Adresse nicht oder wollen sie nicht kennen. Die Altstadt scheint eine Terra incognita, doch als ich Namen und Beruf meines Gastgebers nenne, verschwindet ihre schroffe Abwehr wie auf einen Schlag. In Sabra-Englisch erklären sie mir den Weg zu einer schmalen Gasse, neu und gleichzeitig so alt, als wäre der Tempel Salomos noch nicht zerstört.

Zwi steht vor mir. Zwanzig Jahre haben nur ein bißchen Silber in sein Haar gemischt. Stahl ist noch immer das Metall, das ihn kennzeichnet, wenn auch etwas verbeult auf dem Amboß der Zeit. Während der Umarmung sehe ich an seinem Blick, daß in diesen Jahren zu viele Kriege an seinen Augen vorbeigezogen sind. Keine Klage kommt über seine Lippen, nur muntere Herzlichkeit, die nichts von den Problemen ahnen läßt, mit denen sich sein Land täglich konfrontiert sieht.

Mit meinen Führern wechselt er rasch ein paar Worte in Iwrith. Ich erkenne holländische Ortsnamen; meine zeitweilige Aufnahme in die israelische Gemeinschaft. Wir gehen einige Schritte durch das Gäßchen, das nicht viel breiter ist als die Spannweite meiner Arme. Meisterhaft wiedererbaut in einem Stil, der meine Phantasie entfacht. Schräg gegenüber von seinem goldgelben steinernen Haus mit der schweren Bronzetür und den schmiedeeisernen Gittern vor den Fenstern ist ein kleiner Laden mit Thorarollen, langen Reihen talmudischer Schriften, *Menora*-Leuchtern, Widderhörnern, Samttüchern zum Bedecken der geheiligten Brote und silbernen *Kiddusch*-Bechern. In der Tür steht Michelangelos Moses in schwarzem Seidenkaftan, auf der Nase eine kleine Brille mit dicken, ovalen Gläsern. Die Zeit der Könige und Propheten, für mich bislang nur Worte auf vergilbtem Papier, ist hier wirklicher als das Jahrhundert der Raumfahrt.

In Zwis Wohnung berühren sich Altertum und Gegenwart. Meterdicke Mauern trennen die modernen, beinahe holländisch eingerichteten Zimmer. Die innere Wendeltreppe ist wie aus dem Fels gehauen, und oben steht Hefzi, seine Frau, schwarz von Augen und Haar wie Esther, im Lande geboren, doch ihr Doktortitel und das hebräisch gefärbte Niederländisch stammen aus der Domstadt Utrecht. Sie heißt mich willkommen mit der Selbstverständlichkeit einer Sabra, für die die Diaspora definitiv beendet ist.

Zwis Studierzimmer ist eine Enklave westlicher Gelehrsamkeit. Die Bücherreihen verraten große Belesenheit, an den Wänden, bunt und exotisch, zeitgenössische Aquarelle der geliebten Altstadt. Durch die Fenstertür, die auf eine breite Dachterrasse aus glattpolierten, hellen Steinen führt, umsäumt von südlichen Gewächsen, dickblättrig, dornig und in grellen Farben, winkt Zwi mir zu.

Jeder Schritt zu ihm hin enthüllt ein Stück des Wunders. Als ich neben ihm stehe, liegt es in seiner ganzen majestätischen Größe vor mir. Eine ungekanntes Gefühl der Frömmigkeit raubt mir die Worte: Zu meinen Füßen liegt die Wiege der Geschichte.

In der Tiefe unter mir die Klagemauer aus verwitterten, mannshohen Sandsteinblöcken. Davor: Chassidim im Kaftan mit runden Hüten oder pelzbesetzten *Streimel*, die sich inbrünstig verneigen und wiegen; manche lesen aus Gebetsrollen, die auf kleinen Tischchen vor ihnen liegen, darunter auch Männer in westlicher Kleidung, die, angesteckt durch das feurige Gebet, sich ebenfalls wiegen und verbeugen. Frauen, Kopf und Gesicht unter dunklen Schultertüchern verborgen, die Gebetbücher in den Kleiderfalten versteckt, schwanken wie Schilf vor den heiligen Steinen. Auf dem Platz vor der Mauer laufen Touristen mit bedecktem Kopf und Kameras am Hals herum, und überall sieht man junge israelische Soldaten, scheinbar gleichgültig, aber durchaus wachsam, die Uzi über der Schulter, als Beschützer der Frommen und Agnostiker.

Durch Zwis Prismenfernglas sehe ich, wie die Gläubigen oder Abergläubischen kleine Zettel in die tiefen Spalten zwischen den sanft abgeschliffenen Steinblöcken von Salomos Tempelmauer stecken, und ich frage mich, ob vor Jahwe das geschriebene Wort schwerer wiegt als ihr mit heißem Atem ausgestoßenes Flehen.

In der goldenen Kuppel des Felsendomes spiegelt sich die Abendsonne. Ich weiß, daß dort drüben zwischen den Bäumen des islamischen Heiligtums Feindseligkeit lauert, aber seine Schönheit überwältigt mich und ich bedaure die Gespaltenheit des Landes. In der Ferne zeichnen sich die Turmspitzen der christlichen Kirchen gegen den Himmel ab: Lanzen unbarmherziger Kreuzfahrer, drohend und unnahbar.

Sprachlos, fast gierig, nehme ich die Bilder in mir auf und erst das wiederholte Rufen zu Tisch bricht den Bann. Während der Mahlzeit reden meine Freunde über Probleme, die mir als Holländer fremd sind und die ich nur entfernt und vage aus den Medien vernommen habe. Mir brummt noch der Kopf von der Reise. Die Eindrücke tummeln sich darin wie funkelnde tropische Fische in einem Aquarium, und mein Interesse für Politik ist noch geringer als sonst.

Ein wenig ermüdet fasse ich beim Nachtisch den Bericht über mein Vorhaben kurz zusammen. Trotz ihres langen Arbeitstages in der Klinik und im Laboratorium erkundigen sich Zwi und Hefzi eindringlich nach den Details. Zwi gibt keine Ruhe, bis er, trotz der späten Stunde und ohne meine schwachen Einwände zu beachten, den Archivar von Yad Vashem am Telefon hat und für mich einen Termin für den nächsten Vormittag vereinbart.

Im Gästezimmer sinke ich in traumlosen Schlaf, aus dem mich bei Sonnenaufgang die ohrenbetäubenden Korangebete des Muezzin auf der El Aqsa-Moschee wecken. Die Stunden als Tourist sind zu Ende.

In der prickelnden Morgenluft in Jerusalem warte ich auf den Bus inmitten einer Gruppe schnatternder Schulbuben mit Käppchen. Wenn ihr Geschrei zu laut in den Ohren gellt, kreischen die Frauen mit den Einkaufstaschen »schekked«, Ruhe, aber es hilft nicht viel. Kaum haben sich die Türen des rüttelnden Busses geöffnet, stürzen sie sich johlend hinein.

Zeitunglesende Männer, debattierende oder Gebete murmelnde Chassidim und Hausfrauen auf dem Weg zum Markt blicken kurz hoch, aber niemand wird ernstlich böse. Wohlwollen in Gestalt eines leichten Lächelns umgibt die Generation, auf die sich die Hoffnung gründet.

Jeden Morgen, mit Ausnahme des Samstags, sehe ich die Stadt an mir vorbeiziehen und erkenne allmählich die Gesichter der anderen Passagiere: ein Einwohner unter Einwohnern, ein Einheimischer ohne Sprache.

Eine haushohe, rot angestrichene Stahlskulptur kennzeichnet den Platz, an dem ich aussteigen muß; jedesmal frage ich mich ungehalten, warum ihr Schöpfer, Alexander Calder, seinem einsamen Kunstwerk auf dem Zugangsweg zum Yad Vashem den Namen »Roots« gegeben hat.

Der Parkplatz vor dem schlichten Seitenflügel des Archivs ist fast leer, bis auf einen Reisebus mit ernst dreinschauenden Touristen, die heute als erste die lebensgroßen Fotos aus unseren Schreckensjahren besichtigen wollen.

Zusammen mit den wissenschaftlichen Mitarbeitern, die mich freundlich und sachlich in ihre Mitte nehmen, betrete ich das Gebäude durch den Seiteneingang, als arbeitete ich hier seit Jahren. Die eiserne Wendeltreppe zum ersten Stock hallt nach wie eine Glocke, doch als ich die Tür von Gideon Hausners karg möbliertem Arbeitszimmer hinter mir schließe, umgibt mich die Stille einer Isolierzelle.

Ich sitze an demselben Schreibtisch, an dem der öffentliche

Ankläger im Prozeß gegen Eichmann unzählige belastende Dokumente studiert hat, jetzt, zwanzig Jahre nach Eichmanns Hinrichtung. Vor meinen Augen an der Wand hängt eine große Landkarte, auf der mehr als dreitausend Punkte eingetragen sind, freundliche, romantische Namen, die im Dritten Reich einem Alptraum gleichkamen. Vor mir liegen Mappen und Tonbänder mit den Berichten von Männern und Frauen, für die jene Punkte mit Demütigung und Mord, mit Hunger und Erschöpfung identisch waren.

Tag für Tag ziehen Tausende Worte an mir vorbei und beschwören Bilder herauf von unabsehbaren Reihen ausgemergelter, in Lumpen gehüllter Häftlinge, von vollgefressenen Kapos mit Knüppeln, von brüllenden »Blockältesten«, von Viehwaggons unter sengender Sonne oder in eisigem Schneetreiben, und von gleichgültigen SS-Wachposten, das Gewehr im Anschlag, als schössen sie auf Tontauben.

Ich halte mir vor Augen, daß ich wissenschaftlich arbeite und nach Gesetzmäßigkeiten suche. Mein Gesicht fühlt sich starr an. In der Kantine nehme ich automatisch an den Gesprächen teil wie in einem Traum, in dem die anderen, wie hinter Glas, mich nicht berühren können. Eine unbestimmte Furcht hält mich zurück, das Museum zu besuchen und in der Erinnerungshalle das Kaddisch zu sprechen.

Jeden Abend warte ich an der Haltestelle auf den Bus. Immer wieder rast ein überfüllter Bus vorbei, verfolgt vom zornigen Geschrei der *Jeschiwa-Bochers*. Eine vertraute Szene: Die zwei Wochen seit meiner Ankunft kommen mir vor wie Jahre.

Ich bin zahlender Gast bei zwei betagten Sabras, die stolz auf viele Ahnengenerationen im alten Palästina zurückblicken. Sie, rundlich und von überwältigender Freundlichkeit, redselig und scharfsinnig, wacht über mein Wohlbefinden. Üppige Mahlzeiten sind ihr Heilmittel gegen alle Leiden. Aus Pietät billigt sie zwar mein Wühlen in der Vergangenheit, aber das Heute und das Morgen haben für sie immer Vorrang.

Er, Moische, untersetzt und mit den Muskeln eines Pioniers, dem nie eine Last zu schwer wird, ist versessen auf Fernsehnachrichten, die reichlich aus Amman, Jerusalem und Kairo eintreffen. Wenn das Bild verschwindet und nur noch das Summen des Ventilators zu hören ist, beginnt er manchmal in zögerndem, aber unverfälschtem Jiddisch von früheren Zeiten zu erzählen. Über Pogrome in Wilna, über den Kampf gegen Türken und Engländer, die Freundschaft und Feindschaft mit den Arabern, den Aufbau und die Kriege, aber niemals über die Shoah, diese unverheilte Wunde der Geschichte.

Die Aktenstapel vor mir wachsen, in meinem Kopf wird es voller und chaotischer. Ich bin der Zauberlehrling, der die Papierflut nicht beherrscht und der den Zauberspruch nicht kennt, um ihr Ordnung aufzuzwingen. Mein Ziel wird unklar, denn jede Geschichte ist so einzigartig, jedes Schicksal so vom Zufall bestimmt, daß der Versuch zur Abstraktion immer anstößiger wirkt.

Verwirrt irre ich an endlosen Bücherreihen entlang durch das Gebäude und über das Gelände, wo mir die hämische Sonne auf den unbedeckten Kopf brennt. Ich suche den Schatten der Bäume, die Israel für die Gerechten gepflanzt hat, und stehe plötzlich vor der Erinnerungshalle.

Ein alter Mann mit grauem Haar und tiefen Furchen im Gesicht schaut mich mit dem einen Auge, das ihm verblieben ist, scharf und prüfend an, gibt mir eine *Jarmulka* und fragt mich ohne Umschweife nach den Lagern: »Wo du bist gewejn«. Wie Wechselgeld tauschen wir die Namen aus. Er läßt mich ein in den dunklen Saal, wo nur Steine und der Raum mich umgeben. Die Flamme, die nie erlöschen darf, brennt mitten zwischen den verfluchten Ortsnamen. Flüsternd spreche ich sie wie eine Verwünschung aus und das alte Gefühl unerträglicher Verlassenheit treibt mir Tränen in die Augen. Mit zuckenden Schultern starre ich in das Feuer und murmele das Kaddisch scheu wie ein Kind, das seine Gebete stockend hersagt.

Der Panzer meiner Gleichmut ist angeschlagen, als ich wieder im gleißenden Sonnenlicht stehe. Der alte Mann nickt mir verständnisvoll zu. Jetzt weiß ich, wonach ich wirklich suchen will.

Der kleine, lebhafte Archivar sitzt reglos an seinem Schreibtisch. Die akademisch unterkühlte Zurückhaltung, die bislang unsere kurzen Gespräche in seinem Arbeitszimmer bestimmt hat, schmilzt dahin. Durchdringend, mit fast väterlichem Blick, sieht er mich an. In meinem Bericht über die Festnahme, die Lager, die Heimkehr erkennt er die Bruchstücke seiner eigenen Geschichte und die jener Tausende in den Hängemappen der Stahlschränke. Er weiß, was das fanatische Suchen seiner Gäste bedeutet und sagt es mir nachsichtig, ohne Besserwisserei. Der eine gräbt hier nach Namen von Familienangehörigen, Freunden, Kameraden, der andere versucht das schwarze Tuch, das sich über seine Erinnerung gelegt hat, zu lüften. Das hier ist für alle ein unermeßlicher Friedhof ohne Grabsteine.

Stirnrunzelnd sieht er vor sich hin. Dann steht er auf und öffnet einen Metallschrank. Die Tür hallt nach wie nach einem Donnerschlag. Zielsicher greift er nach einem großen Stapel vergilbter Mappen, aus denen engbeschriebenes Durchschlagpapier quillt, und legt sie so vor mir hin, daß ich die großen schwarzen Lettern der Schrift auf der obersten Mappe lesen kann: Auschwitzprozeß, Frankfurt/Main, 1964, I.

Betroffen lese ich die Worte und schäme mich meiner Unwissenheit. Ich habe das Gerichtsverfahren damals so verdrängt, mich so sehr in anderen Arbeiten vergraben, daß mir Angst einjagt, was jetzt vor mir liegt. Fast ehrfürchtig nehme ich die Akten in den Arm. Ungeduld und unbestimmte Vorahnungen treiben mich an den vertrauten Platz vor Gideon Hausners Landkarte. Nach Dutzenden engbeschriebenen Folioblättern stehe ich wieder hinter dem Stacheldraht in Birkenau.

Der Mann, dessen Bericht vor mir liegt, ist ein Jahr jünger als ich. Von seinem Geburtsort Ostrava, tief im alten Zentrum Europas, habe ich nur eine blasse Vorstellung. Mein Vorurteil, östlich von Prag lägen nur gottverlassene Ortschaften, wird schon nach der ersten Seite Lügen gestraft. In dieser Industriestadt nahe der polnischen Grenze wächst Yehuda im komfortablen Milieu jüdischer Fabrikanten auf. Zuhause bei Tisch hört er, wie Flüchtlinge, die nach sicheren Orten im Osten unterwegs sind, von Razzien und Lagern im Westen berichten. 1941 werden dort, wie in den Niederlanden, jüdische Kinder von den Schulen ausgeschlossen und der Unterricht findet, wenn auch illegal, in den eigenen Kreisen statt. Einmal hier, einmal dort, je nachdem, wie Verrat droht, kommen die Kinder gruppenweise in ständig wechselnden Wohnzimmern zusammen, wo sie von Lehrern unterrichtet werden, die ihren Beruf nicht mehr ausüben dürfen und ihre Aufgabe in der Erziehung der Jugend sehen.

Lehrer verschwinden spurlos in Richtung Osten. Kinder bleiben dem Unterricht fern, Familien sind geflohen oder verhaftet worden. Furchterregende Berichte über Deportationen aus Prag und Brünn wirken wie ätzendes Gift.

Aus Auschwitz kommt ein Päckchen mit den Hosenträgern eines geliebten Lehrers. Im Begleitschreiben fordert die Lageradministration zur Zahlung der Portokosten auf, bevor seine Asche ausgeliefert werden kann.

Postkarten mit verschlüsselten Nachrichten über Hunger und Elend treffen aus Theresienstadt ein, bald darauf erfolgt der Aufruf zum Transport in dieses Sammellager der europäischen Juden. In den zwei Tagen zwischen Befehl und Deportation wählen manche ältere Aufgerufene den Freitod. Die Zuversichtlicheren versuchen Freistellung zu erreichen, indem sie nach Beweisen für nicht-jüdische Vorfahren suchen. Andere versehen sich mit Proviant, haltbarer Kleidung und festem Schuhwerk, und machen sich selber Mut, indem sie den Gerüchten mit optimistischen Erklärungen begegnen.

Yehudas Beschreibung der Ankunft im Ghetto Theresienstadt ruft Bilder der Erinnerung in mir wach. Die Bollwerke und Zinnen, die alten, verwahrlosten, riesigen Kasernen mit ihren grauen und roten Dächern; die vielen Bogengänge mit halbkreisförmigen Öffnungen, die den Blick auf Exerzierplätze mit Kopfsteinpflaster freigeben; die Schicksalsgenossen in zerdrückter Kleidung, die mit ängstlich gesenktem Blick vor den Gendarmen und der SS die Reste ihrer geplünderten Habe schleppen; die nahezu ausgestorbenen, geraden langen Straßen mit Häuserfassaden, die an geschundene Häute erinnern; die mageren Gesichter der Ghettoinsassen mit starrem, nach innen gekehrtem Blick hinter den schmutzigen Fensterscheiben; die jüdischen Funktionäre, die vor jedem Uniformierten untertänig die Kopfbedeckung ziehen.

Mit seinen Augen sehe ich, wie die verfallene, überfüllte Garnisonsstadt aus der Zeit der Donaumonarchie zum Leben erwacht. Die mit mehrstöckigen Betten vollgestellten, feuchten Zimmer, in denen ein Nagel zum Aufhängen der verschimmelten Kleider schon Luxus bedeutet; die in Schlangen anstehenden, vorzeitig gealterten Männer und Frauen vor den Kesseln mit dünner grauer Suppe oder vor Tischen mit bröckelnden Brotstücken warten ruhig, bis sie an der Reihe sind, und messen mißtrauisch die Portionen der anderen, in den tiefliegenden Augen Hunger und brennender Neid. Jungen und Mädchen, oft etwas besser ernährt, weil sie die Schleichwege kennen, um ihre kargen Rationen aufzubessern, betrachten die Älteren mit schlecht verhohlenem Spott, wenn sie um Zuschlag bitten oder sich bei der Essenausteilung streiten.

Dagegen weiß ich nichts von den Häusern, in denen junge Leute nach Alter und Nationalität in Gruppen aufgeteilt wohnten und heimlich unterrichtet wurden von idealistischen Lehrern und Jugendleitern, die versuchten, die Moral der Schüler zu erhalten und sie vor dem tiefsten Elend im Ghetto zu bewahren.

Ebenso wenig weiß ich von dem künstlerischen Leben, das in Theresienstadt trotz aller Unterdrückung in Kellern und auf Dachböden blühte. Musiker spielten Kammermusik auf Instrumenten, die ins Lager geschmuggelt wurden, sie komponierten, gaben Konzerte und bildeten junge Kollegen aus. Maler, Zeichner und Bildhauer versuchten mit kargem, unzulänglichem Material ihrer Kunst Ausdruck zu geben unter der trocknenden Unterwäsche zwischen den Etagenbetten.

Als ich fast zwei Jahre nach Yehuda mit dem Transport aus Westerbork in Theresienstadt eintraf und mich mit glasigen Augen umsah, ahnte ich nichts von dieser Schattenwelt. Die meisten Künstler waren längst verhungert oder zum Endziel in den Osten abgereist, und die Kulissen der Kinderoper *Brundibar* und von Smetanas *Verkaufter Braut* waren in rostigen Kanonenöfchen verheizt.

Mit Yehudas Deportation nach Auschwitz-Birkenau im Dezember 1943 fand die Periode absurder Gegensätze für ihn ein Ende. Die namhaften Pädagogen, die, den Tod vor Augen, ihr Wissen an die jungen Häftlinge in den Jugendhäusern weitergaben, und die berühmten Künstler, die trotz der Verelendung dem jungen Yehuda auf heimlich verschafftem Papier Zeichen- und Malunterricht gaben und sein Talent förderten, haben tiefe Spuren in ihm hinterlassen.

Mit zunehmender Beklemmung lese ich seinen Bericht über den Transport in das »Familienlager« Birkenau B II B, über die Fahrt in dunklen Viehwaggons, über die nächtliche Ankunft unter Scheinwerfern, die die Szene erhellten, die in mein Hirn genau so tief eingeätzt ist wie in das seine. Die Beschreibung vom Leben im Lager, von den Selektionen, von den Vergasungen, von den tausenden Neuankömmlingen aus Theresienstadt im März 1944 und von dem Mai-Transport, in dem meine Eltern und ich uns befanden, geben mir das Gefühl, als teilte ich seinen Blick.

Gebannt lese ich weiter, wie seine Geschichte parallel zu der meinen verläuft, wie ein Eisenbahnschiene neben der anderen. Anfang 1944 treffen unsere Schicksale zusammen, als wir bei der letzten Selektion in dem zum Tode verurteilten Familienlager mit über hundert anderen Jungen nackt und starr vor Angst vor Mengele stehen.

Seine Worte brennen mir in den Augen. Ich sehe wieder, was er sah, was ich sah. Mit den Tränen kämpfend, lese ich weiter, erkenne jede Einzelheit und fühle dennoch Freude und Dankbarkeit in mir aufsteigen. »Er hat es überlebt, o Gott, laß ihn noch am Leben sein.«

Ich gönne mir nicht die Zeit, zu Ende zu lesen und suche wie ein Verrückter in den Gängen nach meinem Ratgeber. Er hat immerhin gewußt, was ich gesucht habe, und mit fast kindlichem Vertrauen hoffe ich, daß er den Totgeglaubten zu finden weiß. Wieder sitze ich in der Stube mit den Schränken und Aktenmappen. Die vierundzwanzig Stunden, die seit unserem ersten Gespräch verstrichen sind, kommen mir wie ein Monat vor. Mit hochgezogenen Augenbrauen erkundigt er sich, ob ich die ganze Akte durchgearbeitet habe, und stammelnd erzähle ich ihm von meinem Fund. Er unterbricht meinen aufgeregten Bericht mit einer beschwichtigenden Geste. Ein kaum merkliches Lächeln gleitet über sein Gesicht. Ohne Umschweife fragt er: »Und jetzt wollen Sie wissen, ob er noch lebt?«

Wortlos nicke ich und lese ihm die Antwort von den Lippen ab, noch bevor er sie ausgesprochen hat.

Yehuda lebt, Yehuda ist ein bedeutender Künstler geworden, er wohnt in Jerusalem, ist gesund, ist verheiratet, hat Kinder. Er hat unsere Vergangenheit in Farben und mit schwarzem Stift festgehalten und ist hier im Hause ein gerngesehener Freund.

Aus dem Hörer kommt eine gedämpfte Männerstimme, deren mitteleuropäischer Akzent die harten hebräischen Vokale mildert. Zögernd beginne ich zu sprechen, mein Deutsch klingt unpassend, ist aber unvermeidlich. Am anderen Ende höre ich rasches Atmen. Über meine Worte stolpernd spreche ich in die gewölbte Hand. Worte, die nur für ihn bestimmt sind. Jeder andere könnte sie mißverstehen. Nach wenigen Sätzen unterbricht er mich. In samtigem Tschechisch-Deutsch, heiser vor Rührung, ungeduldig, als sei das Telefon ein ärgerliches Hindernis.

Wir müssen uns sehen, miteinander sprechen, unverzüglich.

Er diktiert seine Adresse, versucht den Weg zu erklären, verwirrt sich in der Beschreibung, drängt mich, ein Taxi zu nehmen.

Die Worte des redseligen Chauffeurs rauschen an mir vorbei. Meine Gedanken sind anderweitig beschäftigt. Wir fahren durch Bezirke, über denen das Sonnenlicht flimmert. Palmen stehen in den Gärten der Häuser aus der Vorkriegszeit, die noch nicht den strengen Bestimmungen der Jerusalemer Städteplanungskommission unterworfen waren.

Der Fahrer wird unsicher, hält an, fragt einen einsamen Passanten nach dem Weg und verirrt sich wieder im Gewirr der kleinen Straßen. Er bringt das Auto zum Stehen und bedeutet mir, den Weg in diesem Labyrinth zu Fuß fortzusetzen. Berufsstolz hindert ihn daran, ein Trinkgeld anzunehmen.

Als das Taxi verschwunden ist, umgibt mich die Ruhe der Siesta. In der flimmernden Hitze singen Zikaden, sie betonen die Stille. Ich dämpfe meine knirschenden Schritte, schütze den Kopf mit einer zu kleinen Kibbuzmütze gegen die stechende Sonne und spähe nach den Straßenschildern und Hausnummern hinter den Bougainvillea-Sträuchern. Das bevorstehende Wiedersehen und die Furcht, das Treffen zu versäumen, weil ich mich in dem Straßengewirr verlaufe, lassen mein Herz heftiger klopfen.

Und dann stehe ich plötzlich vor dem Haus, das Yehuda mir beschrieben hat, leicht erkennbar an einer schiefgesackten, mit Weinreben bewachsenen Pergola. Im Schatten träumt unruhig ein kleiner weißer Hund.

Ich scheue mich, die Zeit wieder in Gang zu setzen, ermanne mich dann doch und drücke den Klingelknopf. Der Hund schreckt auf und zerreißt die Stille mit grellem Gekläff. »Schekked, schekked«, ruft eine Männerstimme neben dem Haus. Noch bevor ich den Mann sehe, höre ich ihn fragend, mit tiefer Stimme meinen Namen nennen: »Gerhard?« Ich gehe auf die Stimme zu und sehe ihn vor mir stehen: klein, lebendige blaue Augen, volles, kaum ergrautes Haar, ein fast jungenhaftes Gesicht. Mit ausgestreckten Armen kommt Yehuda auf mich zu: »Gerhard!« sagt er stürmisch, in höherem Ton. »Schalom, schalom!« Tränen steigen mir in die Augen. Ich suche in seinem Gesicht die Züge von vor vierzig Jahren, ein verschwommenes Porträt im trostlosen Rahmen des Lagers. Er sieht mich an, sucht, findet. Wiedererkennen leuchtet in seinen Augen auf: »Du warst das, du und die drei anderen aus Holland!«

Wir fallen uns um den Hals und bleiben schweigend, mit zusammengebissenen Zähnen stehen. Fast schämen wir uns unserer heftigen Gefühle.

Drinnen, im Halbdunkel hinter den herabgelassenen Jalousien, bewirtet er mich mit Früchten und Süßigkeiten, schenkt mir Limonade ein und versucht den Beginn des Gesprächs hinauszuzögern. Als er nichts mehr tun kann, setzt er sich auf die Kante der Couch, legt die Hände auf die Knie und richtet den Blick auf meinen Mund: »Erzähl, erzähl alles!« Sein Zuhören ist ebenso intensiv wie sein Schauen. Wo unsere Geschichten sich verflechten, ergänzt er, korrigiert. Szenen, die für mich zu unaussprechlichen Alpträumen geworden sind, getraut er sich in Worte zu kleiden, und Bilder, die er verdrängt hat, wagt er wieder zuzulassen. Das »Weißt du noch?« beschwört Lachen, öfter noch Weinen herauf. Wir tauschen unsere Erinnerungen wie wertvolle Briefmarken.

Unser Leben nach der Befreiung verlief in unterschiedlichen Bahnen. In den einsamen, ärmlichen Jahren nach dem Krieg hat jeder von uns auf eigene Weise versucht, den Schrecken zu bewältigen. Vergessen und uns damit abfinden können wir nicht, wollen wir nicht. Weder seine Kunst noch meine Wissenschaft haben die Spuren getilgt, die sich in unsere Jugend eingeprägt haben. Ich suche nach Hintergründen, Ursachen, Erklärungen. Er sucht nach Bildern, Vorstellungen, vor allem aber nach Menschen. Seine Erkundigungen nach Überlebenden aus der vom Schicksal zusammengewürfelten Gruppe jener Jungen, die in letzter Minute vor der Vernichtung des Familienlagers Birkenau in das sogenannte Männerlager B II D verlegt wurden, rauben mir den Atem. Ich wußte von zwei Überlebenden außer mir, Yehuda hat noch weitere fünfzehn Totgeglaubte gefunden. Fast triumphierend diktiert er ihre Namen, ihren Wohnort, ihren Erdteil.

Damals Jungen, jetzt Männer im vorgerücktem Alter. Sie reden miteinander und schreiben sich, wenn auch nur selten. Die Vergangenheit: Ein Panzerschrank, der fast nie geöffnet wird. Einer von ihnen, Historiker von Beruf und der jüngste der Gruppe, war zusammen mit Yehuda 1964 ein Hauptzeuge im Auschwitzprozeß in Frankfurt. Er ruft ihn an. Nervös dreht er die Wählscheibe, bis nach einigen vergeblichen Versuchen die Verbindung zustandekommt. Heiser und mit stockenden Worten berichtet er ihm von unserer Begegnung.

In einem mit Tweed bezogenen Fauteuil warte ich im Aufenthaltsraum der Universität auf Dov. Der Ausblick auf das Becken mit einem leise plätschernden Springbrunnen und auf die kultiviert plaudernden Assistenten in bequemen Gartenstühlen um das Wasser beruhigt meine überspannten Nerven. Nicht allein die Erwartung auf das Wiedersehen mit einem ehemaligen Lagerkameraden nach achtunddreißig Jahren ist schuld an meiner Aufregung, sondern daß man mich am Eingang des Campus unerwartet nach Waffen untersucht hat.

Im Bus hatten Dutzende von jungen Männern und Frauen in T-Shirts und Jeans gesessen, manche in Grüppchen plaudernd, andere in eine Zeitung oder ein Buch vertieft. Als der Bus am Zauntor der Universität hielt, waren sie mit mir ausgestiegen und hatten sich ganz selbstverständlich hinten in der Schlange der Studenten angestellt und gewartet, bis sie mit der Durchsuchung an der Reihe waren.

Schneller als erwartet erreiche ich eine der drei gläsernen Kabinen an den Eingängen, in denen Wachleute, mit Uzis bewaffnet, die Taschen und Mäntel mit Metalldetektoren kontrollieren. Niemand murrt, jedenfalls höre ich nichts. Die Untersuchung erfolgt routiniert und rasch, jeder beantwortet die in Iwrith gestellten Fragen und geht gelassen seiner Wege, als sei nichts geschehen.

Bei mir stockt die Reihe. Ich verstehe den jungen Soldaten ebensowenig wie er mich. Ungeduldig wühlt er in meinen Papieren, tastet mich ab, will meinen Kassettenrecorder öffnen. Eine Frau hinter mir bietet ihre Hilfe an, übersetzt unsere Worte. Er will wissen, was ich hier mache, zu wem ich wolle und stellt neugierig oder mißtrauisch weitere Fragen.

Die Schlange hinter mir verliert die Geduld, wird unruhig, Worte fallen laut und schnell. Ein älterer Wachtposten kommt herangeschlurft, mischt sich in das Gespräch, befreit mich aus dem Gespinst des Mißverständnisses und bringt mich zur Empfangshalle.

Von meinem bequemen Sessel aus betrachte ich die Dozenten um mich herum. Alles sieht ähnlich aus wie bei uns, aber ich weiß nun Bescheid.

Mit den Augen peile ich die Gesichter aller Männer mittleren Alters an. Dov ist nicht unter ihnen, wie ich instinktiv weiß.

Ich warte, blättere zerstreut und unaufmerksam in einer Zeitung und versuche eine Haltung einzunehmen, in der ich möglichst wenig auffalle.

Ein Schatten fällt auf die Zeitung, eine fragende Stimme: »Gerhard?« Ich schaue auf und weiß, daß er es ist, obwohl ich seine Züge nicht wiedererkenne. Verlegenheit überfällt uns beide. Beinahe förmlich geben wir uns die Hand. Dozenten unter sich, auf der Hut vor Emotionen in einer Umgebung, die nicht begreift, nicht begreifen kann, was uns verbindet.

Neben ihm gehe ich zur Mensa für die Lehrkräfte und empfinde peinlich meine Größe. Blitzartig sehe ich ihn wieder als Jungen im Lager: der kleinste von uns allen.

Bei Tisch, wo er in der vertrauten Umgebung der Kollegen bei einer schönen jemenitischen Serviererin unseren Lunch bestellt, Freunden zuwinkt und mir die Speisekarte erklärt, löst sich die Spannung. Wir reden über unsere Arbeit, vermeiden jedoch jede Anspielung auf die Vergangenheit, wie um die Mahlzeit davor abzuschirmen.

Draußen im Park, außerhalb des Blickfeldes von Kollegen und Studenten, gewinnen unsere Worte an Gewicht. Andächtig lauscht Dov meinem Rapport über die Suche in Archiven und Prozeßakten und reagiert auf jeden Namen, jedes Detail. Manchmal unterbricht er mich mit einer Ergänzung, einer Frage oder einem Vorschlag. Allmählich gibt er seine akademische Zurückhaltung auf und läßt seine Bewegung erkennen. Mit verhaltener Stimme erzählt er von seinen Suchaktionen nach Dokumenten über Auschwitz, über Eichmann und alles, was direkt oder indirekt mit unserer eigenen Geschichte zu tun hat. Bescheiden berichtet er über seine Funde in der Papierflut der deutschen und amerikanischen Kriegsarchive, aber mir ist klar, wie wertvoll diese sind.

Die Betriebsamkeit um uns nimmt zu. Während des Gesprächs haben wir die Zeit vergessen. Dov kann seine Studenten nicht länger warten lassen. Im Zwiespalt zwischen Pflicht und Katharsis siegt das Hier und Jetzt. Steif vom verkrampften Sitzen stehen wir auf, können und wollen aber so nicht Abschied nehmen. Fast gleichzeitig sprechen wir unseren Gedanken aus: Wir müssen weitermachen, festhalten, weitergeben. Wir verabreden ein Treffen am folgenden Tag im Hause unseres Freundes, des Malers, um mit ihm gemeinsam unsere Vergangenheit auszugraben.

Wieder fahre ich, diesmal neben Dov, der den Weg kennt, durch die stille, in der Sonne brütende Vorstadt. Wieder schreckt der kleine Hund hoch und zerkläfft die Siesta, wieder höre ich »schekked«, aber diesmal klingt Willkommen in Yehudas nun vertrauter Stimme.

Er führt uns durch das schattige Wohnzimmer in sein Atelier, damit wir nicht gestört werden, wenn seine Söhne aus der Schule kommen.

»Das Atelier ist nur klein«, entschuldigt er sich. Eine Staffelei fehlt. Regale voll Zeichenmappen, losen Blättern, Blocks. Seine Vorliebe für Graphik zeigt sich in dem, was fehlt: Tuben, Pinsel, Flecken, der Geruch von Ölfarbe und Terpentin. Er hat drei einfache Stühle wie für ein Streichtrio hingestellt. Während er in der Küche hörbar ungeschickt mit den Limonadengläsern klappert, packen Dov und ich die Instrumente aus: Kassettenrecorder, um unsere Worte und unser Schweigen über damals und danach festzuhalten.

Links von mir sitzt Dov, äußerlich unbewegt. Trotz der Hitze hat er das Jackett anbehalten. Sein Sony-Gerät läßt er nicht aus den Augen, obwohl das Band tadellos läuft. Sein Atem jagt, sein Gesicht ist blaß. Mir gegenüber, aufgeregt, fast fröhlich, sitzt Yehuda mit Schillerkragen und kurzen Ärmeln, auf dem linken Unterarm eine plumpe, schiefe Nummer. Mit erstaunten Kinderaugen sieht er uns an und schlägt vor, anzufangen.

Ich schweige und fühle mein Herz klopfen. Lampenfieber lähmt mir die Zunge. Dovs Stimme kommt leise, zögernd aus dem Nichts. In der Rolle des Dozenten zügelt er seine Aufregung: »Gerhard hat lange geglaubt, nur drei Jungen aus unserer Gruppe hätten den Krieg überlebt. Sollen wir hierauf näher eingehen und damit beginnen, unsere Namen und Daten auf das Band zu sprechen, um uns vorzustellen?«

Der Gedanke wirkt beklemmend, daß unser Gespräch aus der Geschlossenheit dieses Zimmers hinausgeht. Kurz und gemessen zähle ich meine persönlichen Daten auf: Namen, Zeitangaben, Lagernamen im Telegrammstil. Dov spricht mit heiserer, gedämpfter Stimme und gibt noch weniger von sich preis. Yehuda folgt unserem Beispiel, bedauert aber die Kürze.

Noch immer zurückhaltend, in mühsam formulierten Sätzen spricht Dov nun, teils zu uns, teils zu einer nicht anwesenden Zuhörerschaft: »Darf ich vorschlagen, daß wir uns über das Thema einigen, nämlich die Gruppe der Jungen zwischen dreizehn und sechzehn Jahren, der wir 1944 in Birkenau angehörten, und über den Grund unserer Zusammenkunft im Jahr 1982, hier in Jerusalem im Haus von Yehuda?« Ich nicke zustimmend, obwohl mich seine schulmeisterliche Genauigkeit verwirrt.

Er fährt fort: »Gerhard ist nach Israel gekommen, um zu untersuchen, wie Menschen in den Lagern überleben konnten, doch bei unserem Treffen wollen wir die Frage auf unsere eigenen Erfahrungen beschränken. Wie kommt es, daß von der Gruppe der Jungen, die die letzte Selektion im Familienlager Birkenau überstanden, fast ein Fünftel die Befreiung erlebt hat, trotz der Lagerverhältnisse? Gerhard war erstaunt, als er von Yehuda und mir erfuhr, daß noch beinahe zwanzig von uns am Leben sind. Wir stellten uns die Frage, ob es eine Erklärung gibt für den hohen Prozentsatz der Überlebenden aus unserer Gruppe, verglichen mit dem der erwachsenen Mithäftlinge, und dabei wurde mir bewußt, daß ich eigentlich nie darüber nachgedacht habe.«

Yehuda, die Handflächen nach oben gekehrt wie eine Schale voll Antworten, ergreift erregt das Wort: »Vergeßt vor allem nicht, daß von mehreren hundert Jungen im Juli 1944 nur neunundachtzig bei Mengeles Selektion durchgekommen sind. Die Zurückgebliebenen im Familienlager wurden alle vernichtet. Außerdem brach nicht sogleich das gesamte Elend über uns herein, sondern nur tropfenweise. Die Franzosen beispielsweise kamen meist direkt aus Paris über Drancy nach Auschwitz. Ohne Übergang von zu Hause in die Hölle. Wer von uns damals noch am Leben war, mußte einen Widerstand in sich aufgebaut haben, trotz des Hungers, der uns ständig begleitete.«

Yehudas analytische und zugleich ergreifende Darstellung überrumpelt mich; ich wage nicht, ihn zu unterbrechen.

»Bis 1944 waren wir körperlich noch nicht durch unerträglich schwere Arbeit angeschlagen. Im Männerlager von Birkenau bekamen wir Kleidung und Schuhwerk, ja, manchmal sogar Pillen gegen Durchfall. Denn vergeßt nicht: Durchfall bedeutete Tod, Läuse bedeuteten Tod, Stockschläge und Mißhandlung bedeuteten Tod, wenn es keine Möglichkeit gab, sich davon zu erholen. Wenn ich die Selektionen für die Gaskammer und andere tödliche Maßnahmen außer acht lasse, waren die physischen Bedingungen für uns etwas günstiger als für die älteren jüdischen Häftlinge. Vielleicht war auch unsere psychische Verfassung ein wenig besser. Wir waren noch nicht so entmenschlicht wie die langjährigen Lagerinsassen. Viele von uns wußten bis Juli 1944, daß ihre Eltern und Verwandten noch am Leben waren.«

Dov, äußerlich immer noch der kühle Dozent, weist Yehuda auf Lücken hin und präzisiert seine Aussage. Ich höre zu. Das Atelier, die Hitze, die diskutierenden Freunde: die Realität verschwimmt, die Zeit zerrinnt.

»Mit dem tropfenweise ausgegossenen Elend meinst du das Familienlager in Birkenau, wo die Transporte aus Theresienstadt untergebracht wurden. Die Zustände waren dort weniger schlimm, weil einer zu Besuch angesagten Kommission des Roten Kreuzes Sand in die Augen gestreut werden sollte. Was die psychischen Bedingungen betrifft, von denen du sprichst, so setze ich ein Fragezeichen. Die täglichen Praktiken der Vernichtung unmittelbar vor Augen, wußten wir sehr wohl, was sich im Lager ereignete. Wir glaubten nur, wir hätten eine längere Frist.«

Yehuda pflichtet ihm bei: »Weil im Familienlager alle sechs Monate eine Jagdsaison zu Ende ging: durch ›Sonderbehandlung‹.«

»Und wir wußten«, ergänzt Dov leidenschaftlich, »daß wir unserem Schicksal nicht entgehen konnten.«

Die gläserne Hülle seiner Zurückhaltung bekommt Sprünge: »Etwas anderes fällt mir ein. Die absurde Atmosphäre der Kinderbaracke, in der wir eine Art Kabarett spielten, voller Galgenhumor mit grausamen Witzen, in denen die SS-Leute auch im Himmel noch Selektionen und Läusekontrollen durchführten, als gäbe es Auschwitz auch im Jenseits.«

Yehuda nickt zustimmend: »Vergiß nicht, daß wir damals in unserem Alter keine andere Wirklichkeit kannten. Daß man uns wie Ungeziefer vernichten würde, nahmen wir fast als selbstverständlich an, und daß es außerhalb von Auschwitz eine ganz normale Jugend geben könnte, ging über unser Vorstellungsvermögen.«

Ich unterbreche und sage etwas über unsere gespaltene Vorstellungswelt in jener Zeit, aber Dov korrigiert mich sofort. »Du hattest bereits eine Vorstellung von einem normalen Leben, wir Jüngere dagegen – ich bin fast fünf Jahre jünger als du und drei Jahre jünger als Yehuda – hatten überhaupt keine Ahnung von einer kultivierten Welt. Für Kinder wie uns waren Theresienstadt und Auschwitz die Welt, wenn auch keine kultivierte.«

Mein Versuch, das Gespräch zusammenzufassen und auf unseren Ausgangspunkt zurückzuführen, scheitert. Dovs Worte über sein Alter bohren sich in mein Gedächtnis: Fünfzehn war ich damals, fast sechzehn, kein Kind mehr und noch kein Mann, im Niemandsland zwischen Gaskammer und Arbeitstransport zufällig verschont. Mit Mühe konzentriere ich mich auf die Diskussion, nehme den Faden wieder auf, berufe mich auf Erfahrungstatsachen, flüchte in den Windschatten des rationalen Denkens.

Bei den Worten und Sätzen, die ich sage, nicken meine Freunde. Sie bestätigen meine Ansichten. Der Begriff »sozialer Lernprozeß«, mit dem ich andeuten will, daß wir schon auf eine langjährige Lagererfahrung zurückblicken, bevor wir nach Auschwitz kamen, klingt absurd in meinen Ohren und doch gebrauche ich ihn, um Abstand zu den schmerzhaften Erinnerungen zu schaffen. Denn hinter dem Stacheldraht lernten wir sonderbare Dinge: Wir wurden Meister der Mimikry, wachsam wie das Wild gegenüber Jägern. Kein Wachmann überraschte uns, wenn wir ausruhten, um Kräfte zu sparen – musterhaft sprangen wir in Haltung, zogen das Barett vom Kopf, antworteten in knappem Deutsch. Wir kannten den Kode und die Lagerethik, ohne daß jemand sie uns beigebracht hatte. Wir mieden den Blick der Machthaber, versuchten solidarisch zu bleiben und einander vor dem Abgrund der Apathie zu retten. Wir waren geschickt im »Organisieren«, stahlen aber niemals von Kameraden: das eiserne Gesetz des Lagers.

Der Schock bei der nächtlichen Ankunft zwischen Wänden aus Stacheldraht, der unter Strom stand, die brüllenden, mit Stöcken und Pistolen bewaffneten Uniformierten, das kalte Licht der

Lampen und die rumpelnden Lastwagen stürzten viele, die aus der Welt von draußen, direkt von zu Hause kamen, in tiefe Resignation oder in schützenden Wahnsinn. Waren wir dem »Zugangsschock« besser gewachsen? Haben wir uns vor der Wirklichkeit abgeschottet? Begriffen wir wirklich, was um uns herum geschah?

Während ich spreche, wird mir erneut bewußt, daß ich mich in den ersten Wochen nach der Ankunft in einen Mantel der Abwehr gehüllt hatte. Ich sah, aber wußte nichts; ich hörte, aber begriff nichts. Allzu gern wollte ich glauben, daß der Rauch von Fabriken stammte und daß die Sauna wirklich eine Sauna war.

Dov schüttelt teilnahmsvoll den Kopf: »Wir, die wir Monate früher angekommen waren und die erste Sonderbehandlung überlebt hatten, wir wußten es besser, aber als Neulinge hatten wir genau so gedacht wie du, daß unsere Augen, unsere Ohren uns betrogen. Tag für Tag die Flammen, Züge, lange Menschenschlangen, grüne Lastwagen; nach und nach zerriß unsere Phantasie in Fetzen. Stundenlang schaute ich in die Flammen und versuchte mir vorzustellen, wie sich der Körper eines Menschen in Rauch verwandelt.«

Seine Stimme wird heiser, kaum hörbar. Immer schneller strömen seine Worte, ufern aus. »Noch immer verfolgt mich in den Träumen die Unentrinnbarkeit des Lagers, das Bewußtsein, niemals wieder hier herauszukommen. Das tägliche Leben im Angesicht des Todes und die ständige Angst vor dem Sterben ließen keinen Funken Hoffnung in mir aufkommen. Obwohl ich wußte, daß die Front näherkam und obwohl wir manchmal schon die Kanonen hörten, konnte ich mir nicht vorstellen, daß eine Befreiung aus der stählernen Ordnung von Birkenau möglich sei. In meiner Phantasie kamen nicht nur die Panzer zu spät, um uns zu retten, ich fand sogar den Gedanken an eine Befreiung kindisch in der Überzeugung, daß unser Schicksal ohnehin besiegelt sei.«

Dov zögert, bevor er weiterspricht. Er schaut uns an, wie um sich unserer Sympathie zu versichern, und fährt dann fort: »Noch immer träume ich denselben Traum: Zusammen mit vielen Kindern werde ich ins Krematorium gebracht, um vergast zu werden. Ich kann mich verstecken und es gelingt mir zu fliehen, sogar aus dem Lager. Dann stehe ich auf einem Bahnhof und plötzlich ruft eine Stimme aus dem Lautsprecher meinen Namen. Man nimmt mich fest und bringt mich zum Krematorium zurück, und im Traum weiß ich mit Sicherheit, daß ich bei jedem Fluchtversuch erneut ergriffen würde.«

Er hält inne und sagt dann nachdenklich: »Bei näherer Betrachtung frage ich mich, was besser ist: Verdrängen oder die Wirklichkeit zu akzeptieren. Der Traum, die Angst von damals verfolgt mich noch immer.«

Yehuda nickt heftig zur Bestätigung, daß seine Alpträume den gleichen Inhalt haben: »Ich weiß auch jedesmal ganz sicher: Diesmal kommst du nicht davon, diesmal nicht mehr. Später habe ich mich gefragt, ob diese Gedanken einem Schuldbewußtsein entstammen. Aber was für eine Schuld? An wem? Wir Kinder haben doch nichts verbrochen, außer, daß wir am Leben geblieben sind? Auf unserer Pritsche bildeten wir eine kleine Familie, und zusammen mit den anderen Jungen der Gruppe fühlten wir uns als eine große Familie. Das hat unsere Überlebenschancen sicherlich erhöht, denn wir halfen einander, wo wir konnten. Als wir schließlich im Männerlager landeten, wurde das übrige Lager zur Außenwelt. Dort durfte man stehlen, was man konnte, aber untereinander standen wir uns bei, opferten sogar eine Brotration, um Aspirin für einen kranken Kameraden zu kaufen. Wir fühlten uns weniger verloren als die anderen Häftlinge, weniger von Gott und der Welt verlassen. Wir hatten Gefährten, mit denen wir reden konnten, Gefährten mit gemeinsamen Erinnerungen. Vielleicht wollten wir deshalb anderen Kindern helfen. Wie damals den Kindern, die mit einem Transport aus dem Ghetto von Łódź kamen. Sie standen an der anderen Seite des Drahtzaunes und wir warfen Brotkanten, Löffel und was wir sonst entbehren konnten in das E-Lager hinüber, obwohl die Posten auf den Wachttürmen Warnschüsse abgaben.«

Aufgeregt, fast atemlos fährt er fort: »Ich erinnere mich an einen Jungen, der im Frauenlager Brot gestohlen hatte, von einer Frau, die ein Kind bei sich hatte: ein Ausnahmefall, fast unvorstellbar. Tagelang redete keiner mit ihm. Er verkaufte sich an einen Blockältesten für Brot und versuchte uns damit zu versöhnen. Bald nach der Befreiung ist er an seiner Gefräßigkeit und an Fleischvergiftung gestorben.«

Mich beschleicht das unbehagliche Gefühl, daß der Gedanke der Solidarität sich allzu »romantisch« in sein Gedächtnis eingenistet hat. Die kaum überbrückbaren Klüfte, die sich zwischen den Nationalitäten und Muttersprachen auftaten, wollen mir das Bild der Zusammengehörigkeit weniger intakt erscheinen lassen, doch ich schweige. Denn was ist Gedächtnis und was ist Trost?

Die Flut seiner Assoziationen ist nicht aufzuhalten: »Es gab Jungen unter uns, die vor der Wirklichkeit zu fliehen versuchten, die die Plätze tauschten, wenn wir Holz oder Teerpappe zum Krematorium transportieren mußten, und die mit geschlossenen Augen am Galgen vorbeiliefen. Wir, die wir ein paar Monate früher aus Theresienstadt gekommen waren, waren neugieriger, realistischer als du. Im nachhinein weiß ich nicht mehr, was uns besser half durchzuhalten: Verträumtheit war genauso gefährlich wie das Gegenteil. Offensichtlich hat jeder von uns instinktiv die Art und Weise gewählt, die zu ihm paßte.«

Dov sinniert leise vor sich hin: »Eigentlich komisch, aber es gab auch schöne Augenblicke, an die ich mich gern erinnere. Der blaue Himmel mit den weißen Streifen der vorüberfliegenden Bomber, meine Verliebtheit in ein unerreichbares Mädchen im fernen

Frauenlager, die Berge am Horizont, und einige Wochen nach der Befreiung der Moment, als Mischa G.s Vater seinen Sohn in unserem Hospital wiederfand und ihn nach England mitnahm.«

Yehuda philosophiert: »Ich glaube, daß jeder Mensch auf seine Jugend zurückblickt wie auf ein verlorenes Paradies. Jugend ist Jugend, auch wenn es noch so widersinnig klingt. Auch wenn sie noch so schrecklich war, ich sage immer zu mir: Ich danke Gott für diese Lebenserfahrung. Man verklärt alles, was man als Kind gesehen und erlebt hat.«

Lächelnd, voller Selbstironie hebt er die Hände und sagt theatralisch: »Ich war in Terezín, in Auschwitz und sogar in Mauthausen, so wie ein Soldat prahlt: ich war an dieser Front, an jener Front und auch noch an der dritten.«

Dov sagt, dieses Gefühl habe er nie gekannt, da sein Vater, der zu den ersten Häftlingen in Auschwitz gehörte, ständig darüber sprach und schrieb. »Ich habe alles von mir ferngehalten. Die grauenhaften Szenen habe ich verdrängt, ausgenommen jene, die unauslöschlich sind: ein Mann, dem man den Kopf einschlug, als man ihn während der Arbeitszeit in der Baracke erwischte, und die Erhängungen, bei denen wir zuschauen mußten.

Zuerst konnte und wollte ich nicht hinschauen, obwohl wir dazu gezwungen wurden, aber später sagte ich zu mir: Du *mußt* hinsehen, du mußt später Rache nehmen. Wenn Russen erhängt wurden, sangen sie zuweilen die *Partisana* oder riefen ›Stalin‹. Dann kam das Kommando: Mützen ab. Dr. Tilo, ein SS-Arzt, gab das Handzeichen, die Klappe fiel herunter und das war das Ende. Eigentlich sonderbar, denn ich habe täglich hunderte Tote gesehen, aber daran kann ich mich haarscharf erinnern.«

»Die vielen Leichen, das war nicht der Tod, das war das tägliche Leben. Die gestorbenen ›Muselmänner‹, die man wie Abfall hinter den Baracken abholte; wir haben fast gar nicht mehr darauf geachtet«, stellt Yehuda fest.

Ich sehe, wie Dovs Augen zu den Zeichnungen an der Wand schweifen und weiß, daß wir dieses Thema rasch fallenlassen müssen. Er selbst ergreift die Initiative: »Es gab ein paar orthodoxe Jungen unter uns, denen der Glaube half. Sinai A., der ebenfalls davongekommen ist und jetzt hier in Aschdod Oberrabbiner ist, versuchte sogar die Fastentage einzuhalten. Andere machten eine Glaubenskrise durch und wandten sich völlig von ihrem Glauben ab.«

Yehuda stimmt ihm zu: »Man mußte sich an etwas festklammern können. Für mich hieß das: Ich will überleben. Ganz zielbewußt. Um Rache zu nehmen, um zu erzählen, aus hartnäckigem Zorn. Vielleicht war das Instinkt. Wir reagierten wie Tiere: eine falsche Bewegung, ein falscher Schritt, ein Finger am Stacheldraht, ein mißlungener Kartoffeldiebstahl, eine unvorsichtige Bewegung während einer Selektion bedeuteten den Tod. Unsere Aufmerksamkeit durfte niemals erlahmen.«

Beinahe zugleich rufen beide: »Wenn es keinen Willen mehr gab, war es aus.«

»Die Streifen, die die amerikanischen Flugzeuge am Himmel zogen, gaben mir Hoffnung«, bemerke ich, doch Yehuda erinnert sich: »Ich hatte Angst, daß es deutsche Flugzeuge waren, die uns während des Appells mit Maschinengewehren erschießen oder bombardieren könnten. Dann dachte ich: Jetzt machen sie uns kaputt, jetzt vernichten sie uns.«

Dovs Gesicht verfinstert sich: »Bei mir gab es beides: manchmal Hoffnung, häufiger Verzweiflung.«

Unser Gespräch schwankt eine Weile zwischen Hell und Dunkel und ich fühle mich erleichtert, als Yehuda einen anderen Kurs einschlägt: »Ich habe mir allerlei Phantasien vorgegaukelt, um die Angst zu bezwingen. Jemand erzählte etwas von Spinoza und in meinem Kinderhirn entstand ein Wirrwarr philosophischer Gedanken über das Fortbestehen des Geistes. Ich zeichnete die

Kreise transzendenter Sphären – weiß Gott, was das sein mochte – in den Sand und dachte dabei: Im Grunde sind wir unsterblich, ewig.«

Eine teure Erinnerung wird in mir wach, die ich den anderen mitteilen möchte. Peter, ein etwas älterer Junge, den ich nach den Selektionen aus dem Auge verloren habe, rezitierte Passagen aus Schillers *Räubern*, die er aus seiner Gymnasialzeit auswendig kannte und wie einen Schatz hegte. Nicht nur, weil er sich dadurch an sein früheres Leben in der Heimat festklammerte, sondern weil das Stück von Gerechtigkeit handelt. Unsere geflüsterten Gespräche über das Drama waren Augenblicke des Glücks.

Eifrig schließt sich Dov an: »In der Krankenbaracke lag ich neben einem sterbenden Muselmann, der Herbert hieß. Er erzählte mir Dinge, von denen ich noch nie gehört hatte und gab mir ein Buch, das ich erst später nach meiner Rückkehr ins Männerlager las. Dostojewskis *Schuld und Sühne*. Die Angst und die Gewissensbisse, die Raskolnikow wegen des Mordes an der alten Frau empfindet, konnte ich gut nachvollziehen. Die Vernichtung, die mich umgab, hatte damit nichts zu tun. Die Vorstellung von Gerechtigkeit und der Abscheu vor einem einfachen Mord waren in mir erhalten geblieben, obwohl ich die Welt dort draußen kaum oder überhaupt nicht kannte. Mein Gewissen erstreckte sich nicht nur auf unsere Gruppe, sondern viel weiter, vielleicht dank Dostojewski.« Gerührt über seine Worte bleibe ich stumm. Auch Yehuda schluckt, bemerkt aber dennoch, daß die Kinder in den polnischen Ghettos viel härter waren, weil sie schon seit 1939 inmitten von Mord und Totschlag lebten und drei oder vier Jahre länger als wir Hunger, Kälte, Schmutz und Verwahrlosung erdulden mußten.

Wie ein Pendel schwingt unser Gespräch zurück zu der Lagererfahrung, die wir bei den Selektionen zur Arbeit oder zur Gaskammer einzusetzen versuchten. Wir wußten genau, daß wir den Bauch einziehen mußten, damit der Brustkorb hervortrat, daß wir, gefragt nach unseren Fertigkeiten, nie etwas anderes nennen durften als ein Handwerk, und daß wir unser Alter immer innerhalb von Grenzen ansetzten, die in dem betreffenden Moment die größte Sicherheit versprachen.

Obwohl Dov weiß, daß auch wir wissen, wie sein Leben im Juli 1944 an einem seidenen Faden hing, wiederholt er zwanghaft die Episode seiner Todesangst: »Schwarzhuber wollte mich zurückschicken, weil ich noch nicht dreizehn war und für mein Alter klein und schmächtig. Ich habe mich nochmals hinten in der Reihe angestellt und bin mit einer Lüge durchgekommen«, sagt er fast triumphierend. »Ich handelte automatisch, ohne richtig zu begreifen, wie realistisch die Vernichtung war. Ich habe mich verhalten wie ein Tier, das um sein Leben kämpft. Meine Psyche hat die Wirklichkeit nicht zur Kenntnis genommen. So etwas geschieht, wenn eine Situation völlig aussichtslos ist. Und obwohl es absurd klingt: Nicht einmal meine Hoffnung und meine Träume wurden dadurch zunichte gemacht.«

Im Wohnzimmer neben dem Atelier höre ich Kinderstimmen. Yehudas Frau Lea versucht, die Ruhe herzustellen, was ihr nur halb gelingt. Yehuda, der noch etwas sagen will, trommelt gereizt mit den Fingern; unwillig, wie aus einer Trance erwachend, steht er auf und verläßt den Raum. Dov und ich sehen einander an wie Schlafwandler, die gleichzeitig aufgewacht sind. Als wir eben die Kassettenbänder umdrehen, kommt Yehuda verstört herein und zeigt auf unsere Apparate: »Noch nicht abstellen, mir sind noch ein paar Dinge eingefallen, die für unsere Gruppe wichtig waren.« Er setzt sich und ist im selben Augenblick wieder in das Thema des Überlebens versunken, als hätte es keine Unterbrechung gegeben.

»Die meisten Häftlinge kamen nie aus ihrer Lagerabteilung heraus, manche nicht einmal aus ihrer Baracke, außer am frühen Morgen, wenn sie zur Arbeit und zum Appellplatz gingen. In ihrer Bewegungsfreiheit waren sie sehr viel eingeschränkter als wir.

Die Jungen vom ›Rollwagenkommando‹, zu denen auch wir gehörten, schleppten und schoben das Vehikel durch das ganze Lager Birkenau. Ich glaube, wir fühlten uns dadurch weniger eingesperrt und stumpften nicht so rasch ab. Unser Horizont war weiter; vielleicht konnten wir dadurch einen größeren Abstand zu den Dingen gewinnen.« Dov ergänzt: »Dasselbe galt auch für die Metallarbeiter und andere Handwerker, wie auch für die Laufjungen.«

Yehuda sagt leise, fast verschämt: »Ich glaube, wir fühlten uns ein wenig erhaben über die anderen Häftlinge, nicht zuletzt, weil viele von uns bis zum August 1944 ihre Haare behalten durften und in der Baracke des Strafkommandos wohnten. Die SS mied die Räume, aus Furcht vor den Russen und Polen, die dort untergebracht waren. Ihr Status färbte auf uns ab. Außerdem waren einige ältere Häftlinge gut zu uns, weil sie selber Kinder verloren hatten. Stein zum Beispiel, der Kapo des Rollwagenkommandos, scheuchte uns mit großem Geschrei herum, sobald die SS in der Nähe war, und tat, als schlüge er kräftig zu, hielt aber den Stock zurück, um uns nicht wirklich hart zu treffen, obwohl er wußte, wie verhängnisvoll das für ihn sein konnte. Manchmal befahl ein SS-Mann einem Jungen, während der Arbeit den Vorarbeiter über die anderen zu spielen. Aber das war etwas ganz anderes als das Verhältnis zwischen den Kapos und den Häftlingen.«

Der letzte Satz läßt Zweifel in mir aufkommen: deutlich steht mir vor Augen, wie ein solcher Pseudo-Kapo aus unserer Gruppe unbarmherzig einen Jungen blutig schlug. Ich erspare Yehuda die Erinnerung, warum soll ich ihm die Illusion inniger Kameradschaft rauben? Ob mein Gesicht Skepsis verrät, weiß ich nicht, bin aber erleichtert, als Lea ihn ans Telefon ruft.

Als er zurückkehrt, gestehen wir uns ein, daß wir müde und leer sind, wollen aber trotzdem noch nicht aufhören. Die Zeit, die uns zur Verfügung steht, ist so kurz.

Yehuda spricht schneller als vorhin, um jede Minute zu nutzen: »Gerhard sollte Fragebögen herumschicken an alle ›Jungen‹ unserer Gruppe, die den Krieg überlebt haben, ihnen mitteilen, was wir hier besprochen haben, sie bitten, ihre Erinnerung aufzufrischen, kurzum, die Rolle des Chronisten übernehmen.«

Dov zählt Fragen auf, die keinesfalls fehlen dürfen: über Phantasie und Wirklichkeit, über unsere Ängste, unser heutiges Weltbild, über das Überleben in der Gruppe, in der Menge oder als einzelner, über die Verankerung des moralischen Bewußtseins, über unsere politischen Ansichten. Sein Wortschwall versickert in Müdigkeit. Yehuda richtet sich auf wie ein Boxer beim Gongschlag: »Wir müssen achtgeben, daß die Politiker keinen Mißbrauch mit der Shoah treiben. In einem Film, der hier über einen unserer großen Staatsmänner gedreht wurde, wollte man mir in den Mund legen, ich hätte die Lager nur überlebt dank meines warmen, traditionellen jüdischen Hintergrundes. Das ging mir wider die Natur. Wenn die Politiker und andere aus unseren Erfahrungen lernen wollen – falls es überhaupt etwas daraus zu lernen gibt –, so dürfen sie uns nicht als Rechtfertigung für ihr Handeln benutzen, sondern sollten sich unsere Geschichten anhören.«

Dov, erregt: »Meine Vergangenheit hat mich nicht gegen Grausamkeiten abgehärtet. Wenn ich in den Kriegen, die wir führen mußten, grausame Szenen sah, war ich jedesmal entsetzt. Das Mord-und-Brand-Gezeter der Betonköpfe in der Regierung oder in der Knesset – von denen kaum einer die Shoah persönlich erlebt hat – stimmt mich entsetzlich traurig. Selbstverständlich sind unterschiedliche Reaktionen bei uns möglich. Manche verschließen sich vor metaphysischen Problemen und wollen nur ein ruhiges Leben führen; sie sind froh, daß sie noch am Leben sind und suchen Geborgenheit und Sicherheit. Sie tragen eine Maske, um ihre tiefsten Ängste zu verbergen, und meistens tue ich das auch.«

Die Disziplin unseres Gesprächs läßt nach. Ich versuche einzugreifen und meine Auffassung darzulegen, daß es nicht nur einen einzigen Typus von Überlebenden gibt, daß jeder mit seiner Vergangenheit umgeht entsprechend seinem Charakter, seinen Begabungen, seinen früheren und derzeitigen Verhältnissen, seinen Vorstellungen von damals und jetzt, seiner körperlichen Verfassung und noch vielen anderen Aspekten.

»Ich denke nicht politisch und die Maske paßt mir nicht«, ruft Yehuda mit verzweifelter Miene.

»Aber du hast das Glück, Künstler zu sein«, sage ich, und er antwortet: »Das ist zwar eine Hilfe, aber ich stehe nicht mit beiden Füßen auf dem Boden. Es ist so schwer, das tägliche Leben zu ertragen. Oft sage ich mir: Wie kannst du dich selber ernst nehmen, wie kannst du die Welt ernst nehmen, du, der Junge aus Auschwitz?

Auf einem Elternabend: Jeder regt sich auf, plustert sich auf. Ich denke: Wozu? Bei der Beerdigung eines prominenten Mannes denke ich: Ein einzelner Mann? Wichtig? Was ist wichtig?

Als ich in das Lager kam, war ich so alt wie meine Kinder heute sind. Kann ich ihre Probleme, ihre Sorgen verstehen? Nicht wirklich, glaube ich. Die ›Jungen‹ aus unserer Gruppe, mit denen ich korrespondiere, kämpfen mit denselben Schwierigkeiten. Ob Hochschulprofessoren oder Geschäftsleute, das tut nicht viel zur Sache. Keinem von uns paßt die Maske perfekt.« Er spricht weiter, mehr zu sich selber als zu uns: »In mein Tagebuch schreibe ich oft, daß ich traurig bin, daß ich an der Welt leide wie Paul Celan und Jean Améry. Sie sahen keinen Ausweg mehr, aber ich kann mich dank meiner Arbeit darüber hinwegsetzen. Ich weiß nicht, was mich so depressiv macht. Ist es Auschwitz, ist es Zores oder meine Überempfindlichkeit? Und dabei hatte ich noch das Glück, daß es Menschen gab wie H.G. Adler, die mich nach dem Krieg in einem Waisenhaus aufgenommen und unterrichtet haben.«

Selbstkritisch geht Dov darauf ein: »Woher unsere Depressionen kommen, läßt sich schwer ergründen. Meistens komme ich schnell darüber hinweg, mit einer Ausnahme. Ich nahm damals an einem Kongreß in Warschau teil. Ein Historiker und Kollege, der dort arbeitet, nahm mich mit zu einem Ausflug nach Łódź, Gdańsk und Auschwitz. Unterwegs sagte er zu mir: ›Wenn wir in Auschwitz sind, mußt du auch nach Birkenau, denn das war das eigentliche Vernichtungslager.‹ Wenn er mich gefragt hätte, ob ich dort inhaftiert gewesen war, hätte ich, glaube ich, ja gesagt. Aber er hat nicht gefragt und ich habe geschwiegen. Ich konnte die Maske nicht ablegen. Er weiß es bis heute nicht. Mit einem Taxi habe ich mich nach Birkenau fahren lassen und wieder zurück. So habe ich versucht, meinen Traum zu überwinden. Vergeblich.«

Im Wohnzimmer rufen Kinderstimmen uns in die Gegenwart zurück. Lea versucht nicht, sie zurückzuhalten, und ich bin froh darüber. Wir sind grau vor Müdigkeit und Erschöpfung. Dov und ich verstauen schweigend unsere Kassettenrecorder. Yehuda öffnet das Atelierfenster. Die Sonne steht tief am Himmel. Frische Luft strömt herein. Ein Hund bellt und die Klänge von Mozarts Prager Symphonie rauschen in der Ferne. Yehuda lacht: »Na! … Kinder, weitermachen!«

Der harte alte Befehl zusammen mit dem »Na! … Kinder« klingt so absurd, daß auch Dov und ich schallend lachen. Der Gedanke zuckt mir durch den Kopf, daß Humor im Leben unentbehrlich ist.

Wir verabschieden uns wie schuldbewußte Schulkinder, die zu lange gespielt haben. Gerührt steht Yehuda vor seinem Haus und winkt, bis das Auto um die Ecke verschwunden ist.

Die Kerze meiner Zeit in Israel brennt rasch herunter. Die letzten Tage verbringe ich hektisch lesend in Dovs Oral-History-Archiv;

ich rufe meine neuen Brüder an, nehme Abschied von alten und neuen Freunden, vervollständige meine Aufzeichnungen und spaziere noch einmal um die goldgelb ummauerte Altstadt, um das Jahrtausende alte Bild für immer in mein Gedächtnis zu prägen.

In den kühlen Morgenstunden des Freitags packe ich meine Sachen und versuche, Papierbündel, Bücher und Tonbänder im Koffer zu verstauen, ohne die Scharniere zu sprengen. Die besorgte Wirtin fürchtet, ich könnte auf der Heimreise vor Hunger umkommen, stellt das letzte opulente Mahl vor mich hin und rät mir eindringlich, vor der langen Reise ein wenig auszuruhen.

Leise schließt sie die Zimmertür hinter sich. Draußen brütet die Mittagshitze. Die Jalousien an den Fenstern werfen Häftlingsstreifen an die Wand. Ich schlummere ein. Der Traum wird zum Alptraum. Die Glocke zum Appell läutet, einmal, zweimal. Beim drittenmal bringt sie mich in das Zimmer in Jerusalem zurück. Schlaftrunken gehe ich zur Haustür in der Annahme, daß meine Gastgeberin ihren Schlüssel vergessen hat.

Ich öffne die Tür. Von blendendem Sonnenlicht umrahmt, steht vor mir ein kleiner Mann in einem schwarzen Gehrock. Sein langer grauer Bart fällt bis zur Weste herab. Auf dem Kopf trägt er einen schwarzen Hut, auf der Nase eine runde Nickelbrille. In der linken Hand hält er ein gelbes Büchlein, in der rechten ein großes weißes Taschentuch, mit dem er sich die Schweißtropfen vom Gesicht wischt. Verlegen fragt er mich in fließendem Deutsch nach meinem Namen und redet mich dabei mit »Sie« an. Ich erteile ihm die gewünschte Information. Hinter den dicken Brillengläsern sehe ich seine Augen, geweitet und gerötet vom grellen Licht. Oder von Tränen? Er sieht mich sekundenlang schweigend an und sagt, noch immer beinahe flüsternd, wie um mich nicht wachzuschrecken: »Ich bin Sinai A., Yehuda hat mich angerufen. Ich hoffe, ich störe nicht.«

In dem kleinen, bescheidenen Rabbiner hätte ich niemals den

orthodoxen Jungen aus dem Männerlager erkannt. Seine Verlegenheit macht auch mich befangen. Ich bitte ihn herein, räume einen Stuhl leer und biete ihm Platz an. Limonade oder dergleichen lehnt er ab. Ein Glas Wasser ist alles, was er möchte.

»Ich habe dir etwas mitgebracht: ein kleines Buch über uns und wie – Sein Name sei gepriesen – uns errettet hat.«

Auf dem gelben Umschlag sehe ich eine Zeichnung, in der ich Yehudas Hand erkenne. Den Text kann ich ebensowenig lesen wie die Sätze, die er auf das Deckblatt geschrieben hat.

Mühsam wechseln wir ein paar Sätze. Die Pausen sind lang. Unsere Welten liegen weit entfernt von einander und doch verbindet uns ein altes Band. Nach einer knappen Stunde geht er fort, weil, wie er entschuldigend sagt, der Sabbat nicht mehr fern ist und er seinen Pflichten nachkommen müsse. Mit gemischten Gefühlen von Zuneigung und Zweifel schaue ich ihm nach. Das Büchlein über »uns und wie – Sein Name sei gepriesen – uns errettet hat« wiegt schwer in meiner Hand.

Warum uns und nicht die anderen?

Ein Tischgespräch in Queens

Eine endlose Schlange windet sich vor den gelben Kabinen, in denen Beamte der amerikanischen Immigrationsbehörde gleichgültig in Pässen blättern, Fragen brummeln und Stempel unter die in fernen Ländern erteilten Visa setzen. Dicke rote Kordeln mäandern bis zu den glänzenden Barrieren, wo Ordnungshüterinnen in schicken Uniformen den Passagierstrom zu den Kontrolleuren leiten. Zwischen den Kordeln rücken die Neuankömmlinge langsam, Schritt für Schritt auf, einige ungeduldig, andere gelassen. Die Schlange wächst ständig. Außer ein paar Kindern, die die Kordeln als Hürden benutzen und zwischen den Reihen hin und her springen, überschreitet niemand die rote Barriere. Die amerikanischen Beamten üben einen beruhigenden Einfluß auf die Gemüter aus, die sich anderswo ereifern würden.

In der dumpfen Atmosphäre der Zugangshalle zur Neuen Welt wird mein Geist vom babylonischen Gemurmel und dem Summen der zu schwachen Klimaanlage hypnotisiert. Bilder aus einer fernen Vergangenheit tauchen vor mir auf. Lange Reihen wartender Männer und Frauen vor Suppenkesseln und Brotverteilung, vor Wasserhahn und Latrine, vor den Tätowierern und Schreibern. Die ohnmächtige Wut, vermischt mit Angst und Ungeduld, die damals in mir brannte, schwelt noch immer.

Der Immigrationsbeamte stempelt wortlos meinen Paß. Mit wasserblauen Augen sieht er an mir vorbei. Die Wangen spiegelglatt rasiert, das Gesicht unbewegt wie das einer Sphinx. Sogar bei der schönen, in einen exotischen Sari gekleideten Inderin, die nach mir an der Reihe ist, bleibt seine Miene ungerührt.

Kurz darauf warte ich in der chaotischen Halle des Zolldienstes von Kennedy Airport auf mein Gepäck. Zollbeamte hinter langen Tischen fordern die Passagiere, die ihre Habe schon vom Gepäckband gefischt haben, auf, Koffer und Taschen zu öffnen. Ich kann meine Sachen nicht entdecken, obwohl ich gespannt die Prozession aneinanderstoßender Gepäckstücke beobachte, die an mir vorbeizieht. Pessimistische Gedanken über Verlust oder Beschädigung der Kassettenrecorder, die zwischen Socken und Oberhemden in meinem Koffer gebettet liegen, spuken mir durch den Kopf. Wie soll ich die Geschichten meiner Lagergefährten ohne diese technischen Hilfsmittel im Gedächtnis behalten? Nach einer Viertelstunde, die mir wie eine Stunde vorkommt, sehe ich das vertraute Gepäck auf mich zukommen – unbeschädigt, unverbeult.

Hinter einer kinderreichen, lärmenden Familie – den Aufklebern nach kommen sie aus Islamabad – warte ich gelassen vor dem Zoll. Der Vater öffnet die mit Öltuch und Schnüren umwickelten Bündel, worauf zwei Zollbeamte alles mißtrauisch durchwühlen. Als ich lange Minuten später vor dem einen stehe – der andere forscht noch immer nach Schmuggelgut –, fragt er mich korrekt, was ich außer Kleidung mit mir führe. Wahrheitsgetreu vermelde ich meine Geräte. Sein Jungengesicht bewölkt sich. Er runzelt die Brauen und will den Inhalt des Koffers sehen. Was ich in Amerika vorhabe? Wo ich wohne, wie lange ich bleibe, mit wem ich sprechen will?

Das unerwartete Verhör überrascht, irritiert und beunruhigt mich. Was soll ich diesem blonden Mann über die Gespräche sagen, die ich führen will, und über den Zweck meiner Reise? In wenigen Worten erwähne ich die Freunde aus dem Lager, die ich hier zu treffen hoffe. Er fragt: »Welches Lager?« Ich nenne den Namen, der mir so schwer über die Lippen kommt. Mit weit aufgerissenen Augen sieht er mich an, wendet scheu den Blick ab, schließt behutsam meinen Koffer und stellt ihn sanft vor mir hin. Fast unhörbar wünscht er mir Kraft und eine gute Reise.

Im trägen Strom der Passagiere lasse ich mich zum Ausgang

treiben. Die Spannung der Reise, Ankunft und Kontrolle ist einem Zustand der Passivität, des milden Fatalismus gewichen. Ich wage mir nicht vorzustellen, was passiert, wenn ich nicht abgeholt werde und nach meiner ersten Adresse in diesem unbekannten Erdteil suchen muß. Wie erkenne ich meinen amerikanischen Freund, der vor dreißig Jahren mit seiner Familie und dem niederländischen Arztdiplom in der Tasche in seine Heimat zurückgekehrt ist? Wie erkennt er mich, jetzt grau, bärtig und kahl? Wie finden wir einander in diesem Babylon von gestikulierenden, rufenden, winkenden Menschen?

Ich zwinkere in die Sonne, die ihre Strahlen auf den Ausgang der Ankunftshalle wirft wie ein Scheinwerfer auf die soeben ausgeschifften Passagiere. Hunderte von Wartenden lassen den Blick über uns schweifen, und ich versuche in den schattendunklen Gesichtern mir gegenüber das eine Gesicht zu erkennen, das ich seit einem halben Menschenalter nicht mehr gesehen habe. Eine Stimme ruft meinen Vornamen mit amerikanischen Konsonanten und niederländischer Betonung. Meine Augen suchen und finden ihn sofort. Ein Männerarm winkt. Ich winke zurück, zu dem Gesicht, das noch dieselben *catcher-in-the-rye*-Züge von damals trägt. Wie zwei Bären umarmen wir uns, schlagen uns auf die Schulter, sagen wiederholt unsere Vornamen. Nichts hat sich verändert zwischen uns in all den Jahren. Obwohl grau und untersetzt, bebrillt und faltig, sind wir noch immer die forschen Zwanzigjährigen aus den fünfziger Jahren.

Im sanft schaukelnden Auto auf der zwölfbahnigen Autobahn nach Long Island, zwischen Hunderten ebenso sanft schaukelnden Autos, die mit gleichmäßiger Geschwindigkeit diszipliniert neben- und hintereinander dahinsummen, sagt Dick kaum hörbar: »Amy und ich haben uns getrennt«, noch bevor ich nach seiner Familie fragen kann. Er schaut geradeaus und wartet auf meine Antwort, mein Urteil.

Minutenlang bin ich sprachlos. Momentaufnahmen des Glücks ziehen in meinen Gedanken vorbei. Der junge jüdische Medizinstudent aus Amerika mit seiner charmant lächelnden Frau … ihr kleiner Sohn Michael, dessen erstes niederländisches Wort »Van Gogh« war … die helle, modern eingerichtete Einfamilienwohnung in einem neuen Wohnbezirk von Utrecht, der Skoda, gebraucht gekauft, vor der Tür … Dicks Vater, der Hausarzt wie aus einem Märchen, voll jiddischer Witze und tiefbetrübt bei jedem Abschied von seinen Angehörigen … die beleibte, nötigende, überbesorgte Mutter, die Sohn und Schwiegertochter wie unmündige Teenager dirigiert … die Freunde und Kommilitonen, mit einem vollen Glas in der Hand in tiefem Gespräch über alles in der Welt, außer dem Lehrstoff, den die meisten abends zuvor in ihren Dachkammern eifrig gepaukt haben … Amy, die ihren krähenden Buben das Laufen lehrt … Dick, der ihn in die Luft hochwirft … Michael auf meinem Schoß … beide Freunde, wie sie liebevoll meinen Geschichten aus dem Krieg lauschen, die sonst keiner hören will, Trost spendend ohne Worte …

Mein Schweigen entlockt ihm die Beichte, die ihm auf der Zunge brennt. Verlegene Worte, wie Tropfen aus einem undichten Wasserhahn, manchmal zu einem dünnen Strahl anschwellend. Kurze Sätze der Resignation und Rechtfertigung. Während seiner Ausbildung zum Chirurgen – in den kargen Jahren mit achtzigstündiger Arbeitswoche, Darlehen, kümmerlichem Haushaltsbudget und heranwachsenden Kleinkindern – zerbrach die einst so glückliche Ehe. Zwischen Amy und Dick wuchs eine Mauer der Entfremdung, zu der die beiderseitigen Schwiegermütter, besitzgierige jiddische Mammes, den Mörtel herbeitrugen. Nach dem Tod seines Vaters – dieses sanftmütigen jüdischen Hausarztes, dessen milder Humor manche Scheinversöhnung zuwege brachte – türmten sich die Steine mit zunehmender Geschwindigkeit.

Dick ließ sich als Chirurg in der Ortschaft auf Long Island nieder, wo er geboren war, wo sein Vater jahrzehntelang als Hausarzt alter Schule praktiziert hatte, wo er selbst seine Ausbildung zum Spezialisten beendet hatte und jedermann ihn von Kindesbeinen an kannte … und wo seine Ehe allmählich versandete. Amy widmete sich immer mehr der Welt außerhalb der Familie. Sie nahm ihre früheren Studien wieder auf, legte ihre Examen ab und bekam eine Teilzeitarbeit in einer Auffangstelle für notleidende Puertoricaner. In wenigen Jahren emanzipierte sie sich von einer Hausfrau zur professionellen Sozialarbeiterin.

Je weiter wir auf die Halbinsel fahren, desto ruhiger wird es um uns. Blaue Schilder mit indianischen Ortsnamen spannen sich über dem *freeway*. Aufmerksam sieht Dick auf die Straße vor sich und meidet meinen Blick: »Seit vier Jahren bin ich mit Joan verheiratet. Sie war und ist bei Operationen meine Assistentin. Sie freut sich, daß du kommst. Sie ist neugierig auf dich, wohl auch ein bißchen nervös. Wir haben uns vor etwa sieben Jahren im Krankenhaus kennengelernt. Die Kinder wollten anfangs nichts von ihr wissen. Amy schon gar nicht, auch nicht nach der Scheidung. Für sie ist Joan ein Eindringling, die nichtjüdische Fremde, die Schickse. Die Jungen haben sich mittlerweile an sie gewöhnt. Lisa, meine Tochter, ist nur ein paar Jahre jünger als Joan und betrachtet sie jetzt als Freundin. Amy hat das große Haus behalten. Wir reden wieder ziemlich regelmäßig miteinander. Ich habe sie angerufen und ihr erzählt, daß du kommst. Sie möchte dich sehr gerne sehen und läßt fragen, ob du für ein paar Tage ihr Gast sein willst.«

Seine Worte sind knapp wie ein ärztlicher Befund. Eine Weile herrscht Stille. Ich maße mir kein Urteil an. Schweigend nicke ich, scheinbar verständnisvoll, aber innerlich erschüttert.

Über uns ein blaues Schild: Rockville Center. Wir verlassen den *freeway*. Die Spannung hat sich gelöst, das alte Band scheint wieder hergestellt. Die Hauptstraße des Wohnstädtchens erinnert mich an Filmbilder anderer amerikanischer Provinzstädte: lange, geordnete Gebäudefluchten, einstöckige Geschäfte, Pizzerias oder Supermärkte. Selten ein höheres Bauwerk mit separater Geschäftsebene. Hie und da ein Parkplatz wie eine Lücke zwischen zwei ungleichen Zähnen. Schreiende Reklameschilder als Kundenfang für Geschäfte und Warenhäuser, davor kreuz und quer stehengelassene Einkaufswagen. Erst wo der Kommerz aufhört, werden die Gebäude ansehnlicher. Ein modernes kleines Postamt, ein weißes, pseudorustikales Restaurant in einem schattigen Garten mit breiter Auffahrt, eine Chase-Manhattan-Filiale mit goldfarbenen Fenstern als Sonnenschutz.

Wir biegen ab und sind in einer anderen Welt. Schöne, geräumige Holzhäuser mit einer Veranda im »colonial style« und überdachter Haustür. Da und dort ein graues steinernes Haus inmitten der buntbemalten, mit Holzschindeln bedeckten Bauten. Den Malern stand eine reiche Farbpalette von Tiefblau bis Hellorange zur Auswahl. Überall liebevoll gepflegte Gärten, in denen das Gras wie mit der Nagelschere begradigt ist. Ein unbewohntes Haus mit abblätternder Farbe und hohem Gras hebt sich grell von seiner Umgebung ab: Chass Addams Spukhaus im Entstehen.

Am Ende der Allee, halb hinter hohen *redwood*-Zypressen verborgen, steht ein dunkelrotes Holzhaus mit einer bäuerlichen Tür und einem Vordach, das von weißen Holzsäulen im George Washington-Stil getragen wird. Gespannt vor der ersten Begegnung zwischen Joan und mir, zeigt Dick auf das Haus und sagt fast entschuldigend: »Hier wohnen wir, aber für unsere Bedürfnisse ist es groß genug.«

Er geht voran auf dem Steinpfad zwischen den Hälften des makellosen Grasteppichs, öffnet die doppelte Haustür und ruft in die Stille: »Honey, we are here ...« Ich sehe mich um und komme mir vor wie in einem amerikanischen Spielfilm. Die Nußbaummöbel des Eßzimmers sind auf Hochglanz poliert. Aus der Küche dahinter kommt schlank wie ein Teenager eine junge blonde Frau mit dunklen Augen, die mich einen Augenblick lang prüfend ansehen. Das kaum merkliche Stirnrunzeln geht sofort in ein freundliches, aber zerbrechliches Lächeln über. Beinahe feierlich heißt sie mich willkommen, wagt mir jedoch keinen Kuß zu geben. Sie erkundigt sich nach dem Verlauf der Reise, nach dem *jet-lag*, nach meiner Familie, fragt, ob ich mich vor dem Essen etwas frisch machen möchte und geht mir nach oben voran. Jede Stufe der nach Bienenwachs duftenden, wie Samt glänzenden alten Treppe knarrt mit einem Seufzer.

Das Gästezimmer mit dem funkelnagelneuen *fourposter*-Bett, den blinkenden Messinglampen und den makellosen Grandma Moses-Sesseln versetzt mich wieder in das imaginäre Filmskript. Ich ziehe mich um und gehe die knarzende Treppe hinunter. Unten werde ich schon erwartet; im großen Wohnzimmer mit der tiefen, dunkelgrünen Eckbank und den passenden Sesseln stehen skandinavische Tischchen mit breiten Whiskygläsern und ausladenden Messingaschern. Auch hier alles überaus gepflegt, in peinlicher Ordnung. Nach dem Bourbon in den Kristallgläsern kündigt Joan mit verhaltenem Stolz ein »real American dinner« an. Tatsächlich, amerikanischer ginge es gar nicht: *corncobs with butter, baked potatoes, fresh peas, meat loaf, Californian wine* und *coffee and apple-pie*.

Unser Tischgespräch dümpelt an der Oberfläche. Ein frischoperierter Patient, über den ein Anruf fällig ist, Joans Arbeitsplan für morgen, ihr Abendcollege, die Unbequemlichkeiten einer Flugreise, ein Urlaub in *Shakespearian England*, den beide im vorigen Jahr sehr genossen haben. Kein Wort über die Niederlande, kein Wort über den Zweck meiner Reise, obwohl ich ihn in dem Brief, der meine Ankunft meldete, angedeutet habe.

Beim Nachtisch erscheint plötzlich ein jüdischer Freund von Dick und Joan mit seiner nichtjüdischen zweiten Ehefrau, die man mir als echte *Bostonian* vorstellt. Die beiden Frauen ziehen sich plaudernd in die Küche zurück. Wir gehen ins Wohnzimmer. Dort legt Hank ohne Überleitung oder Erklärung die Hand auf meine Schulter und sagt mit verhaltener Stimme, als möchte er in der Küche nicht gehört werden: »Dick hat mir von dir erzählt. Es interessiert mich sehr, was du hier zu tun gedenkst. Viele Angehörige meines Vaters sind in den Lagern in Polen umgekommen.«

Seine unerwartete Offenheit bestürzt mich. Als Dick ihm ein Zeichen gibt, damit aufzuhören, bekommen seine bis dahin so munter lachenden Augen hinter den bifokalen Brillengläsern den scheuen Blick eines getadelten Schuljungens. Die Frage brennt mir auf der Zunge, warum mein alter Freund das Thema abgeschnitten hat und zu meiden versucht. Dann geht die Küchentür auf und die anscheinend unbeschwerten Frauen kommen zurück. Und plötzlich weiß ich, daß die beiden Männer vor ihren jungen, nichtjüdischen Frauen die unsägliche Vergangenheit ungesagt lassen wollen. Dick, der fürsorgliche Gastgeber, erkundigt sich nach Getränkewünschen und lenkt das Gespräch auf meine Frau, meine Kinder, auf Europa, auf Reagan. Ist es die Furcht, mit dem Leid, mit der Shoah, angesteckt zu werden oder anzustecken? Furcht vor dem Mitleid? Oder ist es Angst, als »der andere«, der Ghettojude, erkannt zu werden, dessen Anpassung gescheitert ist? Die Angst, nicht für voll angesehen zu werden in einer Welt der Nichtjuden, in der antisemitische Gefühle aufflammen könnten?

Der Abschied des jungverheirateten Ehepaares unterbricht mich in meinem Grübeln. Ihr Besuch war kürzer als erwartet und ich kann mich des Eindrucks nicht erwehren, daß sie ihrer Rolle als Puffer, die ihnen bewußt oder unbewußt zuerteilt wurde, nicht gerecht wurden. War es nur Höflichkeit, als Hanks Frau beim Abschied sagte, sie habe es »very exciting« gefunden, mich kennenzulernen? Wurde in der Küche mehr geredet als unverfängliches Small-talk? Meine Vermutung bestätigt sich, als Joan sich mir gegenüber hinsetzt, mich mit ernsten Augen ansieht und leise, eindringlich fragt: »Gerry, bitte, erzähl auch mir, was du hier tun willst.«

Dick läßt die Schultern sacken, sein Gesicht entspannt sich. »Vielleicht ist es besser, wenn Joan alles erfährt«, sagt er, als fühle er sich ertappt.

Ich bin müde von der Reise und nicht gewöhnt an die für mich späte Stunde – der Zeitunterschied zwischen den Kontinenten macht mir die Augenlider schwer –, aber Joans bescheidene, liebevoll gestellte Frage verjagt die Schläfrigkeit. In kurzen Sätzen schildere ich mein Leben als Kind in Nazi-Deutschland, die Zeit als Junge in den Niederlanden, die Lagerjahre im Krieg, die Heimkehr nach dem Krieg, die Studentenjahre in Utrecht, wo ich mich mit Dick und Amy anfreundete … Ich erzähle von meinem Beruf und von dem Augenblick, in dem die Vergangenheit mich an Körper und Seele zu peinigen begann.

»Und damals hast du angefangen zu schreiben?« wirft Joan zaghaft ein. Ihre Augen sind unablässig auf mich gerichtet.

Ich erkläre ihr, was mich dazu getrieben hat und wie ich anfing, in Archiven zu graben. Wie die Frage nach dem Überleben, nach Überlebenden gleich mir, nach dem Warum der Barbarei mich vorwärtstrieb. Ich erzähle von meinen Suchaktionen in London und Paris, in Amsterdam und Jerusalem. Ich erzähle von meiner Überraschung und Freude, als ich in Israel ehemalige, längst totgeglaubte Lagergefährten wiederfand, die ihrerseits weitere Überlebende aus unseren Transporten kannten. Wie wir den Entschluß faßten, unser Leben vor, während und nach dem Krieg festzuhalten für jene, die nach uns kommen werden. Wie ich die Aufgabe übernahm, in Amerika nach meinen, unseren Schicksalsgenossen zu suchen und ihre Lebensgeschichte aufzuzeichnen.

Als ich aufhöre zu sprechen, hängt atmende Stille im Zimmer. Joan sieht vor sich hin und versucht vergeblich, ihre Gefühle zu verbergen. Dick hüstelt und legt die Hand auf meinen Arm: »Benutze unser Haus, solange du möchtest. Du kannst einladen, wen du willst, und von allen Einrichtungen Gebrauch machen. Wir werden versuchen, deine Arbeit zu erleichtern, wo wir können, und sind stolz darauf, daß wir das tun dürfen«, sagt er fast feierlich. Joan nickt, froh, helfen zu können, froh, daran teilhaben zu dürfen.

Ihre Begeisterung überrumpelt mich. Ich wehre ihren Überschwang ab, erkläre, daß ich höchstens eine Woche bleiben kann, denn meine Freunde leben weit verstreut in den Staaten und in Kanada, und ich möchte sie in ihrem Zuhause aufsuchen.

Glücklich über die wiedergefundene Freundschaft begebe ich mich in mein Vierpfosten-Bett. Die erste Nacht in den Vereinigten Staaten voll unruhiger, kaleidoskopartiger Träume beginnt für mich in einer Stunde, in der viele Niederländer sich auf den Weg zur Arbeit machen.

Freitag. Verspielte Sonnenstrahlen zwischen den Lamellen der Jalousien. Ein Schlafzimmer ohne Erkennungszeichen, außer dem Gepäck und den unordentlich auf einen geblümten Sessel geworfenen Kleidungsstücken. Der Nebel des Schlafs verflüchtigt sich. Ich bin in Amerika, bei Freunden auf Long Island. Auf mich wartet Arbeit, viel Arbeit, ungeheuer viel Arbeit. Zweifel überkommen mich. Werde ich das alles können? Werde ich die Gesuchten finden? Werden sie mich wirklich sehen wollen? Die Suche hat begonnen. Aber wie gut ist mein Orientierungsvermögen?

Noch im Schlafanzug erkunde ich das leere Haus. Seit über zwei Stunden sind Dick und Joan im Hospital. Das Frühstück, das sie für mich vorbereitet haben, nehme ich schnell im Stehen. Ein sonderbares Gefühl nervöser Hast überfällt mich. An Dicks Schreibtisch überlege ich, wie kurz der Monat ist, der vor mir liegt.

Frustrierende Telefongespräche mit verständnislosen Sekretärinnen, Dienstmädchen oder Kindern. Lange Wartesignale aufgelegter Telefonhörer. »Die Familie ist im Urlaub ...«, »Herr X. ist auf Geschäftsreise ...«, »Sie sind an diesem Wochenende in den Adirondacks ...«, »Professor Wiesel kommt erst Montag wieder ins Büro ...«, »Kann ich eine Nachricht weitergeben?« Ungeduld, Ärger und die Angst vor dem Scheitern kämpfen um die Wette.

Ohne viel Hoffnung rufe ich Johnny an, den kleinen, untersetzten, nervösen Wirtschaftsprüfer in Toronto, der vor einem halben Jahr in einem altmodischen Hotelzimmer in Amsterdam mir seine Geschichte erzählt hat – auf dem Tisch ein Tonbandgerät, das wir augenblicklich vergaßen, als wir bemerkten, wie sehr unsere Geschichten sich 1944 in Birkenau miteinander verflochten. Aufgeregt ruft er Anweisungen in den Hörer, diktiert Telefonnummern und geänderte Adressen der »Jungen« – wie er die Überlebenden unserer Gruppe nennt –, verspricht mir nochmals, bei der Suche zu helfen und erzählt stolz, er habe Ludek gefunden, der 1968 die Eiseskälte nach dem Prager Frühling mit der Wärme des kanadischen Sommers vertauscht habe. Noch ein Totgeglaubter aus unserer Gruppe. Krank, aber frei. Wieder singen die leisen Töne der Drucktasten eintönige Melodien, bis endlich eine Stimme aus Edison, New Jersey, mich willkommen heißt: Harry, für mich bislang nur ein Name, fragt, ob er kommen und mit mir sprechen kann. Es ist meine erste Verabredung in der New Yorker Gegend, aber Tage später, als der Zeitplan vorsieht.

Auf meiner Adressenliste steht ein Name ohne Telefonnummer. Eine Straße in Queens, unauffindbar auf der Karte. Vergeblich blättere ich in Tausende Seiten dicken Telefonbüchern und lese ratlos unzählige Einträge. Er steht nicht drin. Es gibt auch niemanden mit einem ähnlichen Namen, der ein Druckfehler sein könnte. Beunruhigt rufe ich die Auskunft an. Ich buchstabiere den Namen und erwarte, daß man mich auf einen Fehler hinweist. Es gibt ihn. Aber dieser Fernsprechteilnehmer hat eine geheime Nummer. In meine Überraschung und Freude mischt sich Gereiztheit. Das Fräulein kann mir leider nicht helfen. Erbittert rufe ich die Telefongesellschaft an. Man fliegt doch nicht umsonst über den Atlantischen Ozean? Es muß doch eine Lösung geben? Ich verwirre mich in einem bürokratischen Telefonnetz. Wie ein Terrier verbeiße ich mich und lasse nicht locker, bis ich endlich mit einer Instanz verbunden werde, die bereit ist, ihn anzurufen mit der Bitte, sich mit mir in Verbindung zu setzen.

Als ich meine Anrufwut unter der Dusche abkühle, erklingt das durchdringende Piepsen des Apparats. Eine heisere Stimme in kaum verständlichem Englisch, überlaut, mißtrauisch: »Wer ist dort?«

Ich nenne meinen Namen und füge sofort hinzu, ich sei gerade in New York und würde ihn gern sprechen, wie ich im Begleitbrief zu den gestellten Fragen angekündigt hätte. Stille am anderen Ende der Leitung.

»Was für ein Brief?«

Ich erkläre, warum ich nach Amerika gekommen bin. Er murmelt etwas. Als würde er plötzlich wach: »Der Brief, ja, aber ich habe eigentlich nicht richtig zu euch gehört.«

»Aber du stehst auf Yehudas Liste der Überlebenden aus der Gruppe im Männerlager B II D.«

Er stöhnt und atmet laut in den Hörer: »Ich bin erst später dazugestoßen und hatte wenig mit euch zu tun.«

Zweifel steigen in mir auf, ob der Besuch bei ihm einen Sinn hat. Ich spüre seine Abwehr, seinen Panzer, und überlege, wie ich, ohne ihn zu kränken, das gespenstische Telefongespräch abbrechen könnte.

Im Hintergrund schimpft eine Frauenstimme. Er spuckt einen tschechischen Fluch ins Zimmer. Dann wieder zu mir, ruhiger, verständlicher: »Kannst du am Montag zu mir nach Hause kommen? Um vier Uhr an der Metrostation Queens Village?«

Verdutzt sage ich: »Ja.«

Er brummt: »Gut«, und legt den Hörer auf.

Pflichterfüllt telefoniere ich weiter, um das Lampenfieber loszuwerden. Was am frühen Morgen hoffnungslos erschien, kommt jetzt gut voran. Mein Notizbüchlein füllt sich: Bonnie in Brooklyn, Misha in Boston, Henry in Buffalo, De Caspers in Syracuse, Hilberg in Burlington. Die Gezeiten haben gewechselt, meine Reise ist nicht vergeblich. Zwei Tage liegen vor mir, in denen ich vergessen und mich entspannen darf.

Samstag. Amy, erstaunt über die Unwandelbarkeit alter Freundschaft, freut sich über meinen Besuch. Sie zeigt mir Long Island und fährt mit mir zu ihrer alten Mutter, deren deutscher Emigrantenakzent auch nach fünfzig Jahren Amerika noch anklingt. Die Vergangenheit weckt Nostalgie und Abwehr. Bei der Mutter ist es Berlin: der Glanz der zwanziger, die Brände der dreißiger Jahre. Bei der Tochter: die glückliche Studentenehe in den Fünfzigern, die Verbitterung in den Sechzigern.

In dem aus rotem Stein erbauten *junior college*, wo Amy unter den Augen ernster, weißgeflügelter Nonnen Soziologie lehrt, führt sie mich herum; scheinbar selbstbewußt, aber mit jenem Anflug von Unsicherheit, die ihr seit dem Zerbrechen ihrer Ehe anhaftet.

Ein Sonntag ohne Verpflichtungen. Ich möchte New York kennenlernen. In Dicks Auto schaukeln wir in Richtung Stadt. Die Autobahn zur Manhattan Bridge gleicht einem sanft wogenden Meer, auf dem sich Hunderte von Möwen wiegen. Immer wieder überrascht mich die Ruhe amerikanischer Autofahrer. Dick zeigt mir Orte und Gebäude entlang der Route, die ihn mit seiner Jugend verbinden. Joan schaut ohne Kommentar hinaus. Keiner von beiden verliert ein Wort über meinen Tag mit Amy. Die Narben sind noch frisch.

Die Landschaft um uns versteinert. Das Grün wird seltener.

Der Horizont verbirgt sich in hellblauem Nebel, durch den verschwommene Konturen von Bergen auftauchen. Die Autofahrer werden unruhiger. Sie jagen ihre Motoren hoch wie Pferde vor dem Finish. Im Sog der Stadt läßt die Selbstdisziplin nach. Dick zeigt durch die Windschutzscheibe auf die in der Ferne aufziehenden Nebel. Die vermeintlichen Berge sind Silhouetten. New York läßt seine Maske fallen. Mir stockt der Atem. Es sind die Silhouetten der Wolkenkratzer, die Skyline, die ich seit meiner Kindheit aus Filmen und von Anzeigenfotos so gut kenne, daß die Wirklichkeit plötzlich unwirklich anmutet. Als wir über die Manhattan Bridge fahren, überblicke ich den ausgefransten Stadtrand mit chinesischen Aushängeschildern. Hinter den Rücken der zusammengewürfelten Häuser erheben sich die riesigen Steinkolosse, der Stolz der Metropole, das Symbol des Landes.

Sprachlos wie ein Kind beim ersten Besuch auf der Kirmes sehe ich mich um, versuche, zwischen den unendlich hohen Fassaden den Himmel zu entdecken, und stelle fest, daß das Überwältigende nach kurzer Zeit schon nicht mehr ungewöhnlich ist. Größe wird zu Großartigkeit, die scheinbare Kakophonie aus Stein wird zur Melodie. Diesseits der Autoscheiben spüre ich den Zauber. Manhattan: ein sonnenüberflutetes Raster von Avenues und Straßen. Staunenerregender Reichtum und funkelnder Luxus neben schmutziger Armut und Verfall.

Vor der schwarzen Glasfront des Museum of Modern Art stoppt Dick. Die 53. Street West ist imposant und leer. An einem Laternenpfahl lehnt ein rotes Fahrrad, angekettet wie die Räder vor der Centraal Station in Amsterdam. Wie den vielen anderen begeisterten Museumsbesuchern aus der Alten Welt verschlägt es mir den Atem vor großer Kunst in solchen Mengen, die, von schweren Dollars herübergelockt, hier großzügig Licht und Raum genießen. Alte Bekannte von Fotos und Dias sehe ich in ihrer ganzen Pracht. Aber das ästhetische Erschauern, das mich andernorts oft überfällt, bleibt hier und jetzt aus. Ich habe einen Auftrag, den ich erfüllen muß. Mein Gewissen meldet sich zu Wort und wird wunschgemäß bedient. In einem Flügel des Gebäudes wird die berühmte Ausstellung über das Wien in den Jahren vor dem Anschluß gezeigt. Die »Welt von Gestern«, die Welt vor der Barbarei, die Welt Freuds und Musils, Zweigs und Rilkes, Wittgensteins und des Wiener Kreises, von Klimt und Schiele, von Bruno Walter und zahllosen anderen großen und hoffnungsvollen Avantgardisten. Aber es ist auch die Welt, in der viele ehemalige Mitgefangene, Freunde und Verwandte gelebt haben, die Welt der Donau-Monarchie, eine Welt, in der die Ortsnamen Theresienstadt und Mauthausen noch keine anderen beklemmenden Träume wachriefen als die engstirniger Bürgerlichkeit, die das tägliche Leben beherrschte, eine Welt, in der der Adel abtrat, in der Kunst und Wissenschaft dennoch blühten.

Montag. Amerika in Arbeitskleidung. Auf dem Bahnsteig des düsteren Bahnhofs von Rockville Center stehen Männer in tadellos geschnittenen dunklen Sommeranzügen und lesen Zeitungen und Paperbacks, die schwarzen Aktenköfferchen neben den glänzend geputzten Schuhen. Mit einem Kopfnicken oder unauffälligem Gemurmel begrüßen sie andere Pendler und lesen weiter. Einige gepflegte Frauen in Sweater oder Leinenkostüm mit Big Brown Bags und Aktentaschen sitzen auf den Betonbänken, andere halten ungeduldig Ausschau über die Gleise, wo denn der Zug bleibt. Kaum junge Leute, ein paar Studenten, Schüler, die verschlafen haben, führen laute Gespräche. Der lange Zug aus rostfreiem Stahl rast an uns vorbei und hält erst, als der letzte Waggon unter der Überdachung steht. Die Gleichmut der Wartenden schlägt um in hektische Aktivität: Sie drängen sich durch die automatischen Schiebetüren, als hätten sie keine Sekunde zu verlieren. Kaum drinnen, setzen sie die Lektüre und die Gespräche fort.

Kaum einer schaut hinaus. Rote Steinkolosse mit undurchsichtigen Fenstern wechseln ab mit tiefen Baugruben, in denen Menschen wie behelmte Ameisen an Beton- und Stahlkonstruktionen arbeiten. Aus den runden Gitterrosten in der Waggondecke näselt eine Computerstimme: »Next station Jamaica Junction.« Die Welt, die jetzt an den Fenstern vorbeigleitet, ist nicht die Welt der Pendler. Dort draußen herrschen Lärm, Staub und Armut. Dort sind Slums und schmutzige Hände. Dort verfärbt der Schweiß die Oberhemden. Die wenigen, die hier aussteigen, sehe ich später auf anderen Bahnsteigen auf ihren Anschluß warten. Der Bahnhof ist alt und zugig. Die gußeisernen Pfeiler, die die Überdachung tragen, haben viele Farbschichten. Die Fußböden sind ausgebessert. Eine saubere Armut, die an die Wirtschaftskrise vor einem halben Jahrhundert denken läßt.

Der ratternde Zug durchschneidet eine städtische Landschaft niedriger, trübseliger Häuser inmitten von Grasflächen, oft sorgsam gepflegt, häufiger vollgestellt mit verrosteten Kühlschränken und ausgedienten Waschmaschinen. Kleine Fabrikhallen und flache Schulbauten scheinen willkürlich zwischen den Wohngebieten verstreut. Der Zug hält. Vor dem Fenster ein verbeultes Schild mit dem Namen der Haltestelle: Queens Village. Weil keine Überdachung da ist, zögere ich mit dem Aussteigen, bis die Station ausgerufen wird. Am Ende des bröckeligen Bahnsteigs sehe ich die Mitpassagiere in der Öffnung eines kleinen verfallenen Gebäudes ohne Türen verschwinden. Keine Scheibe ist ganz, keine Fliese ohne Riß. Uringeruch hängt in der Unterführung, und neben dem Ausgang in der Halle liegen Exkremente. Personal gibt es nicht, sogar der Kartenautomat fehlt. Draußen brennt die Sonne auf einen staubigen kleinen Park, in dem Karel P. mich abholen will.

Inmitten von leeren Bier- und Coladosen, von Papier und Plastikabfall im Unkraut, das die Platten überwuchert, sitze ich auf einer der vergammelten Bänke und warte. Hinter mir, auf der Straße vor der Bahnhofsruine, überlange Autos, die meisten verbeult und verrostet. Aus den offenen Fenstern dröhnende Rockmusik. Die Hautfarbe der Fahrer ist meist dunkel, die Kleidung schäbig oder grellbunt. Vor mir liegt die Hauptstraße. Frauen mit Einkaufswagen machen ihre Besorgungen in den unansehnlichen Supermärkten. Alle haben es eilig, nur nicht die Jugendlichen, kreisedrehend in lautstarken Karossen, und ihre Altersgenossen, die vor dem Mäuerchen an der Parkecke um ein brüllendes Radiogerät lungern: Schwarz und Weiß verbunden durch Alkohol und Drogen. Zwei von ihnen pöbeln schwankend und schwatzend die Passanten an. Diese beschleunigen den Schritt oder tun, als bemerkten sie nichts. Polizisten sind nicht zu sehen, nur hin und wieder ein Streifenwagen. Seit einer halben Stunde warte ich nun schon auf Karel P.

Allein auf meiner Bank, im Blickfeld der Straßengorillas, wittere ich drohendes Unheil. Ich stehe auf und gehe zu einer anderen Bank, auf der ein grauhaariger Schwarzer sitzt, der seinen Enkelsohn hütet. Meinen Gruß erwidert er nicht. Unter seinen Augenbrauen schwelendes Mißtrauen. Als ich mich hinsetze, steht er demonstrativ auf, um zu zeigen, daß ich von ihm keinen Schutz zu erwarten habe. Den Blicken der Jugendlichen weiche ich aus, obwohl ich sie spüre. Ich muß unbedingt von hier fort, fürchte, P. zu verfehlen. Der Zwiespalt hält mich an dem Ort fest, bis zwei Burschen langsam und drohend auf mich zukommen. Die anderen beobachten uns, als warteten sie im Tiergarten auf die Fütterung der Raubtiere. Nicht weit vor meiner Bank hebt der weiße Junge die Bierdose und lallt betrunken: »Have a drink.« Sein schwarzer Kumpan, genauso unsicher auf den Beinen, lacht wie eine Hyäne und fühlt sich durch das Johlen seiner Freunde an der Mauer bestärkt. Ich stehe auf, gehe äußerlich ruhig zur Hauptstraße und versuche, den Eindruck zu erwecken, als bemerkte ich die Herausforderung nicht. Als die Bierdose mit einem Kometenschwanz aus Schaum neben mir niedergeht, halte ich es für angemessen, die Schritte drastisch zu beschleunigen. Atemlos erreiche ich die gegenüberliegende Straßenseite. Noch in der Telefonzelle keuche ich. Nachdem ich P.s Telefonnummer eingetippt habe, sehe ich zu meinen Verfolgern hinüber. Sie sind mir nicht gefolgt. Ich war für sie nur ein unterhaltsamer Moment in einem Ozean nagender Langeweile.

Karel P. klingt verwirrt. Er will nicht eingestehen, daß er unsere Verabredung vergessen hat und redet sich damit heraus, er kenne den Fahrplan nicht. Aber jetzt werde er sofort kommen. Wir verabreden uns vor dem Geschäft, vor dem ich stehe, denn um keinen Preis will ich auf die andere Straßenseite zurück. Unablässig sausen Autos und Lastwagen vorbei. Bei jedem Chevrolet halte ich Ausschau nach dem Fahrer, täusche mich jedesmal. Ein schwarzes Auto rauscht vorbei, bremst mit quietschenden Reifen, fährt rückwärts und hält dicht vor mir. Die Tür an meiner Seite wird aufgerissen und eine heisere Stimme mit unverkennbar tschechischem Akzent knurrt mich an, rasch einzusteigen und die Tür zu schließen.

Die Begrüßung verläuft anders, als ich es mir unter ehemaligen Mithäftlingen vorgestellt habe. Er redet mich mit Doktor an, während ich ihn beim Vornamen nenne. Der jahrelange Aufenthalt in der Neuen Welt hat die mitteleuropäische Titelsucht offensichtlich nicht geheilt und es kostet mich Mühe, daß er vom Sie zum Du wechselt. Während der Fahrt zu seinem Haus schaut er starr nach vorn, ich sehe nur sein Profil. Ein runder, schütter behaarter Schädel, eine stumpfe Sokrates-Nase und eine lilarote Gesichtsfarbe, die hohen Blutdruck verrät. Das Lenkrad umklammert er so fest, daß die Fingerknöchel weiß sind. Als wir aus dem starken Verkehr in ruhigere Wohnbezirke abbiegen, lockern sich seine Hände und das unverständliche Gemurmel hört auf. Auf meine Frage nach Frau und Kindern gibt er gleichgültig zur Antwort, seine Frau würde ich gleich sehen, und mit der Tochter, die in England verheiratet ist und zwei Kinder hat, habe er kaum noch Kontakt. »Gott sei Dank«, will er hinzufügen, verschluckt aber die Hälfte. Die Straßen in seinem Bezirk sind freundlicher und sauberer, als man nach dem Blick aus dem Zug vermuten würde. Buntbemalte Holzhäuser, einige davon mit Holzschindeln geschmückt, kleine, gepflegte Vorgärten mit bunten Blumenbeeten und Gartenzwergen in allen Sorten und Größen. Vor einem der Häuser bremst er mit einem Ruck. Mitten auf dem Rasen des Vorgartens steht eine kitschige, rosa-blau bemalte Marienstatue. Er geht durch das Gartentor voran. Erst jetzt bemerke ich seine kurze, gedrungene Gestalt, nicht viel größer als die der Statue. Eine wandelnde Zeitbombe, fällt mir als Assoziation ein.

Hinter der Haustür, mit dem Fliegengitter davor, kläfft heiser ein Hund. P. öffnet die Tür und brummt ein paar tschechische Wörter zu dem Schnauzer. »Er gehört ihr. Er macht mich verrückt«, sagt er wie entschuldigend, ohne mich anzusehen. Der Rasen im Hintergarten ist von hohen Stauden umgeben. Unter einem Goldregenstrauch liegt eine Frau im Morgenmantel auf einer Strandliege, scheinbar in tiefem Schlaf. Mein Begleiter bleibt neben ihr stehen und sagt unnötig laut: »Doctor Durlacher is here, Yvette.« Sie erschrickt nicht, schlägt die Augen zu mir auf, lächelt vage und streckt mit theatralisch-eleganter Geste die Hand aus, als erwarte sie, daß ich einen Begrüßungskuß darauf drücke. Die Schicht Rouge auf ihrem Gesicht verbirgt kaum die Blässe. Die schmalen Lippen sind dick geschminkt, die Augenlider flattern. Ohne Überleitung entschuldigt sie sich wegen ihres Negligés: sie sei erst seit kurzem aus dem Krankenhaus entlassen worden und fühle sich noch ein wenig schwach.

»Es war eine Nervenheilanstalt und kein Krankenhaus«, platzt P. dazwischen. Yvette lächelt weiter, nur die Lippen werden schmaler. Sie richtet sich auf und schaut mich an: »Es würde ihm auch nicht schaden, sich auskurieren zu lassen.« Dann steht sie auf und bringt den Tee, den sie offensichtlich zubereitet hat, als P. mich abholte. Ich sitze neben ihr in einem Gartenstuhl und trinke aus einer Limoges-Tasse, während er irgendwo im Haus telefoniert. Sie spricht gehetzt, als wollte sie seine kurze Abwesenheit dazu benutzen, ihr ganzes Leben vor mir auszubreiten. Nostalgische Erinnerungen an Frankreich und die Bretagne, ihre Heimat … die harten Anfangsjahre hierzulande … ihre Arbeit bei einer Versicherungsgesellschaft, mit der sie das kärgliche Familieneinkommen aufstockt … und eine verhüllte Anspielung auf Eheprobleme. Als P. mit dem Hund zurückkommt, den er nach dem Telefongespräch hinaus gelassen hat, hält sie mitten im Satz inne. Ihre Augenlider, die vorhin zur Ruhe gekommen waren, flattern wieder. Ich fühle mich elend und machtlos.

Als er mit einer Stimme, die keinen Widerspruch duldet, mitteilt, daß er mir seine Geschichte unter vier Augen in einem Restaurant erzählen will, hätte ich am liebsten auf das Interview verzichtet. Doch die Furcht vor einem Wutausbruch hält mich zurück. Ich verabschiede mich von Yvette. Apathisch lächelnd verschwindet sie aus meinem Leben.

Die Spannung, die von ihm ausgeht, ist während der Fahrt fast mit Händen greifbar. Das Lächeln seiner Frau, das mich verfolgt, läßt ihn selbst offenbar kalt. Als stünde er ungeduldig trappelnd vor einem Beichtstuhl, um sein Gewissen zu erleichtern.

Als wir vor einer unscheinbaren Gaststätte halten, bricht er das Schweigen: »Hier kann ich reden. Das ist ein tschechisches Restaurant.«

Über die Theke gebeugt, unterhält sich der Besitzer mit einem Kunden. Er bemerkt P. nicht sofort. Ein Kellner eilt herbei und will uns zu dem reservierten Tisch in der Mitte des Lokals führen, doch P. bleibt vor der Theke stehen und spricht mit erhobener Stimme in seiner Muttersprache auf den Besitzer ein. Dieser entschuldigt sich bei seinem amerikanischen Gast, kommt hinter dem Tresen hervor und begrüßt P. in aller Form. Aus dem tschechischen Gespräch fange ich Bruchstücke auf, die mir verständlich werden, als P. die Worte auf Englisch wiederholt: »Professor Durlacher, eigens aus Europa herübergekommen, um ein Interview mit mir zu machen für das Buch, an dem er gerade schreibt. Wir brauchen einen ruhigen Tisch.« Widerspruch ist sinnlos. Der Eigentümer geht uns voran zu einer Seitentür. Dahinter liegt ein großer, notdürftig beleuchteter Saal mit weißgedeckten Tischen, ein Büffet mit Weingläsern und Tellerstapeln, Wärmeplatten und Hotelbesteck. Hier sitzen keine anderen Gäste. Ein Luftzug geht durch den Raum und als der Wirt die großen Lampen einschaltet, sehe ich, daß sich die grauen Vorhänge vor den Terrassentüren bauschen. An den Wänden hängen große Gemälde. Alle Bilder zeigen nackte, von der Natur verschwenderisch ausgestattete Frauen in Jagdszenen und altmodischen Salons. Mit Mühe unterdrücke ich ein Lächeln.

Wir sitzen kaum in den Plüschsesseln, als Karel P. ohne Umschweife beginnt: »Misha K. und Paul K. habe ich im Männerlager gut gekannt. Sie arbeiteten als Botenjungen für einen Blockältesten und einen polnischen Offizier und bekamen genug zu essen. Dafür haben sie mit ihrem Körper bezahlt. Homosexuell, verstehst du?« Diese Eröffnung in unbeholfenem Englisch verschlägt mir die Sprache. Der kleine Kassettenrecorder, den ich zwischen Teller und Bestecke hingestellt habe, will nicht gleich funktionieren, da ich, durch den rüden Anfang verwirrt, den falschen Knopf drücke. Er will weitersprechen, aber zu meiner Erleichterung kommt ein Kellner und nimmt unsere Bestellung entgegen. Ich gewinne meine Fassung zurück und bitte P., seine Geschichte in chronologischer Reihenfolge zu erzählen. Er sieht mich entgeistert an, trinkt das Bier in einem Zug aus, winkt dem Kellner, ein neues zu bringen, und beginnt noch einmal, jetzt aber zögernd, genauer und in sich gekehrt: »Ich bin im Dezember 1926 geboren, am Weihnachtstag. Die Ehe meiner Eltern war eine sogenannte Mischehe. Mein Vater war Nichtjude, meine Mutter Jüdin. Beide waren nicht religiös. Als meine Mutter meinen Vater heiratete, wollte ihre Familie nichts mehr mit ihr zu tun haben. Sie existierte nicht mehr für sie, war für sie tot. So fing die Tragödie an.

Mein Vater arbeitete als Metallarbeiter in einer großen Fabrik in der Nähe von Prag. Dann kam die Wirtschaftskrise und der Streik. Mein Vater saß als aktiver Gewerkschaftler in der Streik-kommission. Der Streik wurde niedergeschlagen. Er stand auf der schwarzen Liste und bekam keine Arbeit mehr. Meine Eltern wußten sich mit fünf Kindern keinen Rat. Die Familie zerfiel. Verwandte nahmen meine Brüder auf. Meine Mutter erkrankte schwer. Eine christliche Familie adoptierte mich, als ich fünf Jahre alt war, und ließ mich taufen. Doch ich konnte mich nicht gewöhnen. Ich weinte ständig nach meiner Mutter und näßte ins Bett. Da haben sie mich nach Hause zurückgeschickt. Bald darauf, 1932, starb meine Mutter. Unerwartet kamen ihre jüdischen Verwandten zur Beerdigung und übernahmen die Sorge für die Kinder. Von da an wohnte ich bei ihnen, bis Hitler kam. Sie wurden deportiert und sind umgekommen. Mich brachte man in ein Gebäude, in dem andere halbjüdische Jungen wohnten. Wir mußten für die Deutschen Zwangsarbeit verrichten. Das war in einer alten Synagoge, die die SS als Lagerraum für die gestohlenen Güter aus den Häusern der Juden benutzte.«

Fast wie ein Automat erzählt er seine Geschichte und starrt vor sich hin. Von der versprochenen Ruhe ist keine Rede. Nach uns sind weitere Gäste in den Saal gekommen. Sie unterhalten sich, Bestecke und Gläser klirren. Von draußen dringt Verkehrslärm durch die Vorhänge. P. scheint es nicht zu hören. Die heulenden Sirenen der Polizei- und Rettungswagen stören ihn nicht. Ich habe den Eindruck, daß P. kaum bemerkt, als die Gerichte und das zweite Bier serviert werden. Plötzlich sieht er mich an und sagt in lehrerhaftem Ton: »Das ist übrigens interessant. Dort habe ich Eichmann gesehen, der sich einen Eisschrank aussuchte. Ich kann mich an ihn erinnern, weil er einen polnisch-jüdischen Jungen hebräisch ansprach. Obwohl auf Rauchen die Strafe der Deportation stand, gab er den Arbeitern Zigaretten.«

Schweigend essen wir unsere kaltgewordene Mahlzeit. Er schlingt das Essen hinunter. Obwohl mein Teller noch halbvoll ist, spricht er monoton weiter: »Im Sommer 1942 bekam ich eines Tages arge Zahnschmerzen und fuhr nach Prag zu einem Zahnarzt. Ich hatte zwar um Erlaubnis gebeten, aber vergessen, mich abzumelden. Am nächsten Tag wurde ich ins Gefängnis gesperrt zur Strafe, daß ich der Arbeit ferngeblieben war. Ich blieb einen Monat in Haft und wurde danach unter Bewachung nach Theresienstadt geschickt. Ganz allein. Zwei meiner Brüder wohnten dort in einem Jugendhaus. Weil ich ein Kind aus einer Mischehe war, wurde ich bis auf weiteres von der Deportation freigestellt.«

Er bestellt noch ein Bier. Sein Gesicht ist rot angelaufen und ich frage ihn, ob er nicht eine kurze Pause machen möchte. Heftig schüttelt er den Kopf. Dann, als fiele ihm plötzlich etwas ein, sieht er mich an und fragt, ob ich Dr. Karl Löwenstein, den Kommandanten der »Ghettowache« gekannt habe. Er wartet meine Antwort nicht ab, möchte seine Geschichte loswerden: »Löwenstein war im ersten Weltkrieg ein hoher Offizier in der deutschen Armee. Er hatte die höchsten Auszeichnungen bekommen, und in der Wehrmacht gab es ein paar Stabsoffiziere, die sehr lange die Hand über ihn hielten. Trotzdem gelangte er nach Theresienstadt, wenn auch als ›prominenter‹ Häftling. Als man ihm die Leitung des ›Sicherheitswesens‹ übertrug, setzte er beim SS-Kommandanten Rahm durch, daß die Lagerpolizisten Uniformen und Gummiknüppel tragen durften. Er legte so großen Wert auf die militärische Disziplin, daß er während einer Mahlzeit, an der er teilnehmen durfte, Rahm auf einen Fauxpas aufmerksam machte, daß nämlich ein Offizier seine Pistole nie auf den Tisch legen darf. Wie die SS-Leute die Zurechtweisung aufgefaßt haben, weiß ich nicht. Ein paar Wochen später bat Löwenstein den Kommandanten, mitsamt seinen Stab, der von ihm gedrillten, mindestens sechshundert Mann starken Ghettowache die Parade abzunehmen. Die hohen Herren würdigten die Parade anders als Löwenstein, der stolz und kerzengrade neben Rahm stand. Sie schickten die ganze Kompanie potentieller Rebellen am 28. Oktober 1944 nach Auschwitz, zusammen mit vielen anderen, die sich aufgrund irgendwelcher ›Freistellungen‹ sicher wähnten. Darunter war auch ich.«

Nachdenklich sieht er vor sich hin und murmelt: »Ich war so dumm, der Wahrheit entsprechend zu sagen, daß ich in der Küche arbeitete statt im Gartenbau. Auf einen Küchenjungen konnten sie gut verzichten. Ich gehörte übrigens zu den ersten vier Jungen, die im April 1945 über andere Lager nach Theresienstadt zurückkehrten. Bei der Ankunft überhäufte man uns mit Fragen, aber ich war zu krank um zu reden. Während der Evakuierungsmärsche hatte ich mir eine Lungenentzündung, eine Rippenfellentzündung und Typhus zugezogen. Ich war nur noch Haut und Knochen. Ein deutscher Jude, der mit einer Amerikanerin verheiratet war und Pakete bekommen durfte, gab mir Kognak und brachte mich zur Krankenstation. Graf Bernadotte gab die Anweisung, mich ärztlich zu versorgen. Ich weiß noch, wie er, das Monokel ins Auge geklemmt, im Hospital herumlief.«

Ohne Unterbrechung redet P. vor sich hin. Sein Gesicht ist wie erstarrt und beinahe purpurrot. Die Chronologie seiner Geschichte ist völlig verlorengegangen. Immer wieder verliert er den Faden. Ich höre intensiv zu, versuche Verbindungen zu knüpfen und fürchte zugleich, ihn noch stärker zu belasten. Ihm das Wort abzuschneiden ist sinnlos: Die Welt von damals verdrängt die Gegenwart. Aber die Bruchstücke seiner Geschichte ordnen sich in meinem Hirn zu einem Muster. Das Thema selbst kenne ich nur zu gut, alle Variationen sind schmerzhaft und bitter.

Während seiner Gefangenschaft in Theresienstadt, wo P. als »Halbjude« gewisse Vorrechte genießt und vor nagendem Hunger verschont bleibt, liest er einen Brief mit dem Poststempel Birkenau, in dem der Absender schreibt, er müsse in einer Bäckerei hart arbeiten und eine gestreifte Uniform tragen, habe aber sonst ein gutes Auskommen. So schlimm, wie geflüstert wird, kann es im Osten nicht sein, denkt Karel P. Wie viele andere Ghettoinsassen schenkt er den Greuelgeschichten, die die Männer des Außenkommandos verbreiten, keinen Glauben. Große Angst vor dem »Osten« hat er daher nicht. Die Ankunft in Birkenau, das Gebrüll der SS-Leute und Kapos mit den Spazierstöcken, die rumpelnden Armeelaster, auf denen alte Leute und Frauen mit kleinen Kindern abtransportiert werden, das Tätowieren der Armnummern und der unter Strom stehende Stacheldraht lösen anfangs keine Panik in ihm aus. Erst nach Stunden wird ihm klar, was der Rauch bedeutet, der aus den hohen Schornsteinen am Ende der Gleise aufsteigt. Seine Gutgläubigkeit ist dahin. Tagelang bleibt ihm jeder Bissen im Halse stecken. Er wird krank und stellt sich bei einer Selektion in die Reihe der Kranken. Da sieht er in der anderen Reihe der »Gesunden« einen seiner älteren Brüder. Unbemerkt schleicht er sich zu ihm hinüber; ein Halt in der gnadenlosen Einsamkeit.

Im Block 13 des Männerlagers B II D, in derselben Baracke, in der ich und die anderen achtundachtzig Jungen, die drei Monate zuvor Mengeles Selektionen im Familienlager überlebt hatten, einquartiert waren, begegnet Karel P. Mischa K. und Paul K. Wir übrigen waren damals schon wie Sandkörner über das Lager verstreut, in andere Lager verschleppt oder umgekommen. Wie Misha und Paul muß er als »Laufjunge« arbeiten, bekommt aber ein paar Tage vor seinem achtzehnten Geburtstag Arbeit als Maurer in Auschwitz I. Der strenge Frost verhindert schon bald das Anrühren von Zement. Die Überstellung nach Budy, dem Außenkommando in den Proviantlagern, gestaltet sein Leben erträglicher. Dank dem Hafer, dem Mais und den Zuckerrüben, die er in den Pferdeställen stiehlt, bessert sich seine körperliche Verfassung.

Beim Nahen des russischen Heeres im Januar 1945 werden alle Häftlinge, die noch einigermaßen laufen können, zu Fuß, auf offenen Güterwagen und auf Bauernwagen in Richtung Westen evakuiert. Karel P. findet einen Platz auf dem Bock neben einem Wachmann und erreicht nach langen Irrfahrten, auf denen Tausende von Häftlingen vor Hunger und Kälte sterben, das Lager Buchenwald. Bis dahin hält die Protektion an, die er aufgrund seines »Stammbaums« bei den Deutschen genießt. Der geschlossene Waggon, der Brocken Brot, der Becher warmes Wasser aus dem Dampfkessel der Lokomotive sind überlebenswichtig. Im Chaos des überfüllten Lagers verliert Karel P. seine Privilegien, doch französische politische Häftlinge erbarmen sich seiner. Nach drei Wochen wird er mit einem Transport nach Remsdorf geschickt, wo er beim Kommando Treglitz arbeitet. Dort wird Benzin aus Braunkohle hergestellt. Viele Male am Tag versuchen die Alliierten mit Brand- und Sprengbomben die Produktion lahmzulegen und die Anlagen zu vernichten. Die Wachleute fliehen in panischer Angst in die in den Sand gegrabenen Unterstände. Viele Häftlinge fallen den Angriffen zum Opfer, aber auch unter der SS gibt es Tote und Verwundete.

Hunger regiert das Lager. Sogar die Kriegsgefangenen verhungern. Ein schwarzer amerikanischer GI bettelt um Nahrungsmittel und versucht, eine Goldkette für Brot zu tauschen. Bei der chaotischen Evakuierung nach einem schweren Luftangriff fliehen hundertfünfzig Gefangene in die Wälder des Erzgebirges und mit ihnen einige Wachleute, die den Befehl der SS-Offiziere zur Liquidierung der Gefangenen verweigert hatten.

Karel P., todkrank und ausgemergelt, trifft im Städtchen Leitmeritz nahe Theresienstadt drei Flüchtlinge, die wie er die Todesmärsche aus Auschwitz überlebt haben. Von Hunger und Erschöpfung getrieben, melden sich die Jungen am Tor des Ghettos, das, obwohl noch in deutscher Hand, schon unter dem Schutz des Roten Kreuzes steht. Dort, am Fenster der Krankenstation, fiebernd vor Flecktyphus und Aufregung, sieht er die russischen Befreier am 9. Mai 1945 in das Lager einziehen. Karel P. schaut mit starrem Blick vor sich hin. Mich scheint er vergessen zu haben.

In der langen Stille, die nun folgt, ziehen die Bilder meiner eigenen Befreiung an mir vorbei. Ein kindisches Gefühl des Neides überfällt mich. Er hat es besser gehabt als wir … er hatte Vorrechte, hatte vielleicht sogar noch seinen nichtjüdischen Vater … Beschämt weise ich die Gedanken von mir, lege die Hand auf seinen Arm und breche das Schweigen: »Und danach?«

Er schreckt aus seiner Versunkenheit auf. Dann beendet er zusammenhängend und gelassen seine Geschichte: »Nach dem Krieg lag ich mit Tuberkulose anderthalb Jahre in verschiedenen Krankenhäusern und Sanatorien. Besuch bekam ich nicht. Ich wußte nicht einmal, ob mein Vater noch lebte. Nachdem ich geheilt war, fuhr ich nach Prag, um ihn zu suchen, und erfuhr seine Adresse. Eine Weile getraute ich mich nicht zu klingeln, da ich gehört hatte, er habe wieder geheiratet. Die jüdische Familie meiner Mutter und meine Brüder waren umgekommen oder vermißt. Endlich überwinde ich meine Hemmungen. Meine neue Stiefmutter macht auf, und zwischen Tür und Angel erzähle ich ihr, wer ich bin und woher ich komme. Im Gang sagt sie zu mir, sie werde Kaffee aufsetzen und ein Stück Torte für mich abschneiden, aber über Nacht könne ich nicht bleiben, denn sie habe Angst, ich könnte ihren kleinen Sohn mit meinen Tb-Bazillen anstecken. Mein Vater komme erst spät nach Hause.

Zwanzig Jahre später, kurz vor seinem Tode, habe ich meinen

Vater wiedergesehen. Da hatte ich ihm schon vergeben, daß er seinerzeit nicht nach mir gesucht hatte.«

Die Geräusche im Speisesaal scheinen unendlich fern. In Gedanken vergleiche ich seine Geschichte mit der meinen. Mein Prag im Juni 1945: ein Rausch der Befreiung, ein Traum von Nächstenliebe. Sein Prag 1947: triste Einsamkeit und verletzender Egoismus.

Während der Regierung Beneš versucht Karel P., seinen Schulabschluß zu machen, doch nach dem Staatsstreich der Kommunisten am 25. Februar 1948 steht er vor der Wahl zwischen Freiheit und Opportunismus. Jedwede Art von politischem Druck ist nach den Jahren der Demütigung für ihn unerträglich. Er entzieht sich der Wahl und bekommt von alten Lagerfreunden eine unbedeutende Stellung zugeschanzt. Mit Buchhalterarbeiten verdient er sich den kargen Lebensunterhalt. In Prag begegnet er bei der Jewish Agency einem jüdischen Mädchen, das in Bulgarien geboren und in Israel aufgewachsen ist. Er geht mit ihr nach Israel, heiratet sie und hofft auf eine bessere Zukunft.

Als sei Unglück die normalste Sache der Welt, fährt er ungerührt mit hölzerner Miene fort: »Ich fand keine Ruhe und fuhr als Angestellter auf Passagier- und Frachtschiffen der ZIM Line. Unsere Ehe ging daran kaputt. 1954 trennten wir uns. Wir hatten eine Tochter, die bei meiner Frau blieb. Bis 1959 fuhr ich auf der America-Israel Line. Ich wollte in den Vereinigten Staaten ein neues Leben anfangen. Ich arbeitete als Buchhalter bei einer Bank und begegnete dort meiner jetzigen Frau. Sie ist älter als ich, streng katholisch und in Frankreich, in der Bretagne, geboren. Ihre Familie erzwang die kirchliche Trauung, obwohl ich nicht gläubig bin. Meine jüdischen Freunde erklärten mich für verrückt und kehrten mir den Rücken. Doch dann wurde meine Frau verrückt. Sie wurde schon mehrere Male in eine Anstalt eingewiesen. Ich wurde für beschränkt arbeitsfähig erklärt und verdiene nur noch ein Drittel von dem, was ich früher hatte. Ob sie irgendwann wieder arbeiten kann? Eine ›Wiedergutmachung‹ aus Deutschland habe ich nicht bekommen. Da war doch irgendwann, glaube ich, ein Anmeldeschluß?«

Fragend sieht er mich an und als ich es bestätige, überläßt er sich einen Augenblick lang düsteren Gedanken. Dann steht er plötzlich auf und winkt gebieterisch dem Kellner. Als ich die Rechnung bezahlen will, wird er purpurrot und knurrt, ich solle ja nicht glauben, er sei unterstützungsbedürftig.

Im Auto auf der Fahrt zur Station Jamaica Junction zieht er sich in seinen Kokon zurück. Sein Gesicht nimmt wieder den grimmigen Ausdruck an. Bei jedem Verkehrshindernis murmelt er Verwünschungen. In der Straße vor der Station reagiert er mit einer Sturzflut tschechischer Flüche, als er zwei halbwüchsige Jungen auf einem Fahrrad nicht überholen kann. Entgeistert schauen sie ihm nach und können nicht begreifen, was auch mir erst in langen Stunden klar geworden ist.

Unser Abschied ist kurz, beinahe förmlich. Ein »Auf Wiedersehen« bleibt ungesagt.

Hinter den Zugfenstern saust die Dunkelheit an mir vorbei.

Ich reise im Niemandsland zwischen damals und heute und versuche, mich aus den Tentakeln der Vergangenheit zu befreien.

Das Treffen mit Karel P. hat meine Sicherheit untergraben. Kann ich die Konfrontation mit meiner eigenen Vergangenheit ertragen? Fragen wirbeln mir durch den Kopf: Empfinde ich Mitleid für ihn? Oder Abneigung? Hat die Gefangenschaft ihn so verwandelt? Oder sind seine Wut und Verbitterung die Folge des unbarmherzigen Verlassenseins in seiner Kindheit und Jugend?

Ein Gedanke drängt sich mir unabweisbar auf: Meine Suche ist mehr, viel mehr als nur eine Suche nach Geschichten. In der schwarzen Vergangenheit forsche ich nach Lichtblicken, nach Zeichen von Freundschaft und Solidarität, um die Last der Erinnerung zu erleichtern. Karel P.s Worte, sein Verhalten und seine Geschichte haben meine naiven, unbewußten Beweggründe enttarnt. Ich spüre wieder die Kälte von damals. Yehudas Worte, die er vor vier Jahren in Jerusalem gesagt hat: »Ich glaube, daß jeder Mensch auf seine Jugend zurückblickt wie auf ein verlorenes Paradies«, verlieren bei P. ihre Gültigkeit.

Die paradiesische Solidarität ist eine Illusion, wie mir jetzt scheint. Im Inferno konnten höchstens flüchtige Freundschaften bestehen. Damals, als jeder Schritt, jedes Wort verhängnisvoll sein konnte, als an jedem Tag der Abschied für die Ewigkeit drohte, als das Überleben alles andere in den Hintergrund stellte, waren Treue und Freundschaft so brüchig wie Glas. Ihre Grundlage war gegenseitige Hilfe und Unterstützung beim Versuch, am Leben zu bleiben, aber wehe dem, der das »do ut des« vergaß.

Der kühle Abschied von P. fällt mir ein und mich plagt die Reue, daß ich seinen Zorn, seine Abwehr mit distanzierter Gleichmut vergolten habe. Meine Erwartungen waren unangebracht. Sollte er etwa jetzt eine Verbundenheit zeigen, die er damals nicht empfand? Haben wir uns ihm damals verbunden gefühlt, der dank seines »arischen« Blutes und der geraden Nase zu den Auserkorenen zählte? Habe ich vergessen, daß den Henkern daran gelegen war, uns zu teilen, um über uns zu herrschen, und daß sie Wölfe unter Wölfen aus uns machten, um dadurch unseren Untergang zu beschleunigen? Korruption und Privilegien waren zwischen den Häftlingen wie ein Spaltpilz, der Gewalttätigkeit und Haß gedeihen ließ.

In dem Maße, wie ich mich dem Wohnort meines Freundes Dick nähere, werden meine Gedanken ruhiger. Wenn ich gleich nachher in seinem friedlichen Haus, bei ihm und seiner sanftmütigen

Frau meine Erlebnisse des Tages zusammenzufassen versuche, wird Queens Lichtjahre weit entfernt sein. Das Lager wird dann, hoffe ich, auf einem anderen Planeten liegen.

Vor der Station Rockville Center wartet Dick im Auto und öffnet einladend die Wagentür. »Hi, old friend.«

Dankbar steige ich ein.

Doppelte Loyalitäten

»Sorry, mister«, keucht der kleine dunkelhaarige Junge, als er mich beim Versuch, einen Schulkameraden einzuholen, anrempelt. Er rennt weiter. Haarklemmen halten das schwarzsamtene Käppchen auf seinem Kopf fest.

Dutzende von Kindern kommen die Treppen des großen, nicht sehr alten, aber schon verfallenen Schulgebäudes herunter. Die Mädchen paarweise oder in Gruppen, in lautem Gespräch. Die Jungen hastiger, wilder: froh über die Befreiung aus dem Klassenzimmer. Alle tragen Taschen oder Bücherbündel unterm Arm.

Ich stehe da und schaue ihnen zu. Das Bild scheint vertraut, ist es aber nicht. Irgendetwas fehlt. Allmählich wird mir klar, was ich vermisse: die Farbe. Als sähe ich die Kinder in einem Schwarzweißfilm: keine blauen Jeanshosen oder karierten Bermudas, keine bunten Hemden oder Baseball-Jacken und -Kappen, keine kurzen Röckchen oder bedruckten T-Shirts, nicht einmal Spuren von Lippenstift oder Augen-make-up. Nur Schwarz und Weiß, Weiß und Schwarz in endlosen Variationen.

Nicht die Schuluniform macht sie alle gleich, alle Mädchen tragen außerdem lange weiße Strümpfe und alle Buben Käppchen. Fast alle erwachsenen Männer auf der Straße sind schwarz gekleidet. Die schwarzen, breitkrempigen Hüte auf den Männerköpfen, die schwarzen Gehröcke und Hosen, die schwarzen Schuhe und das schwarze Haar: als müßte jede Faser das Licht der Orthodoxie absorbieren. Die Kleidung der Frauen ist etwas weniger einförmig, aber auch hier fehlen bunte Muster. Die einzige, die Farben trägt, ist sicherlich nicht von hier, vermutlich nicht einmal Jüdin.

Bei der Ankunft auf der Subway-Station Avenue J in Brooklyn sah der Bezirk wie eine ganz gewöhnliche, etwas heruntergekommene Wohngegend im Häusermeer von New York aus. Nach vielen mühsamen Umwegen war ich auf dieser Station gelandet. Der Zeitpunkt meiner Verabredung im Center for Holocaust Studies war längst überschritten. Als ich vom hochgelegenen Bahnsteig hinunterschaute, bot sich mir der übliche triste Anblick von staubigen Supermärkten, alten Fords und Chevrolets.

Das Straßenbild an der Südseite der Subway-Station erinnert an die Geschäftsstraßen in Jerusalem. Männer mit halb aufgekrempelten Hemdsärmeln und Käppchen auf dem Hinterkopf stehen gleichmütig vor ihren Schaufenstern. Sie reden miteinander und mit den Kunden, die ein vielfarbiges Abbild der Weltbevölkerung bilden. Den lauten Wortschwall bekräftigen sie mit eindringlichen Hand- und Armbewegungen.

Auf der obersten Stufe der Eisentreppe, die von der Straßenbrücke in den nördlichen Teil des Bezirks führt, versuche ich vergeblich, das Center zwischen den Gebäuden in der Ferne auszumachen. Wie eine strenge Grenze trennt die Eisenbahnbrücke die beiden Zweige des Judentums: Hinter mir die liberalen Juden, vor mir die ultraorthodoxen, in deren Mitte ich mein Reiseziel suchen muß.

Unten auf dem zerbröckelnden Pflaster des Gehsteigs wähne ich mich in Singers Welt versetzt, und nach dem Zusammenstoß mit dem kleinen Jeschiwa-Schüler wird mir plötzlich klar, daß diese Welt noch springlebendig ist.

Schräg gegenüber der Schule steht ein rotes Backsteinhaus aus dem neunzehnten Jahrhundert mit hohen Fenstern in Rahmen fast ohne Farbe. Auf dem baufälligen Türmchen der Fassade schwenkt eine Überwachungskamera träge hin und her.

Niemand ist zu sehen. Die Hausnummer fehlt. Nirgends ein Name oder Hinweis. Ich kann mir nicht vorstellen, daß dies das Center sein könnte und zögere, die verfallenen Stufen zum Eingang zu betreten.

Etwas weiter steht ein Gebäude, das der Schule ähnelt. Hebräische Buchstaben über dem Eingang. Der Versuch, sie zu entziffern, scheitert kläglich. Beschämt frage ich einen fromm gekleideten Passanten, ob dies hier das Center for Holocaust Studies ist.

Wortlos schüttelt er den Kopf mit den tanzenden Pejes-Locken und zeigt mit ausgestrecktem Arm auf das alte Haus, dem ich soeben unschlüssig den Rücken gekehrt habe. Zweifelnd sieht er mich an, als könne er nur schwer glauben, daß ich dort etwas zu suchen habe. Er murmelt vor sich hin und geht, ständig den Kopf schüttelnd, weiter, wie um mir klarzumachen, daß ein Ungläubiger dort nichts verloren hat. Ich gehe zurück. Befangen stehe ich vor der Tür. Das Auge des Türmchens ist genau auf mich gerichtet, als ich die Klingel drücke.

Ein junge Frau in schlichter Kleidung, das Haar unnatürlich straff zurückgekämmt und zu einem Knoten aufgesteckt, wie ihn die Lehrerinnen in meiner Kindheit trugen, öffnet vorsichtig die Tür. Ihr Lächeln ist freundlich, aber reserviert. Wen ich sprechen möchte oder ob ich eine Verabredung hätte? Als ich den Namen von Bonnie G. nenne und den Einladungsbrief vorzeige, fließt sie förmlich über vor Hilfsbereitschaft und Interesse. Ein Gast aus Holland, ein Überlebender, ein Wissenschaftler!

In der kleinen Garderobenhalle teilt sie mir in tadellosem Englisch mit, daß Bonnie, die Archivarin, noch einen Moment beschäftigt ist, und daß die Direktorin, Frau Professor Yaffa Eliach, zu ihrem Bedauern nicht kommen kann, da sie verreisen mußte. »Aber sehen Sie sich hier ruhig um, solange Sie auf Bonnie warten«, sagt sie und öffnet die Tür zu einem geräumigen Zimmer mit hoher Decke. Sie setzt sich an die Schreibmaschine und erklärt den drei anderen grauhaarigen Damen in Jiddisch, wer ich bin. Sie blicken kurz uninteressiert von ihrer Arbeit auf, während ich wie festgenagelt auf der Schwelle stehe und kein Wort, geschweige denn einen Gruß hervorbringe.

Überlebensgroße Fotos bedecken statt einer Tapete die Wände.

Ausgemergelte Häftlinge in gestreiften Lageranzügen starren mich hohläugig von allen Wänden an. Manche mit entblößtem kahlem Schädel, andere mit dem zerknautschten Barett auf dem Kopf. Mit gekrümmtem Rücken graben sie im Boden und halten den Spaten in schmutzigen, skelettartigen Händen. Wieder andere marschieren wie Marionetten an erbarmungslosen SS-Wachen vorbei. Ein dicker, vollgefressener Kapo befördert einen Häftling mit einem Fußtritt aus der Baracke.

Im Stacheldraht hängt ein alter Mann im Todeskampf, das Gesicht eine grinsende Totenmaske. Ein Foto von der schwarzen Mauer in Auschwitz I, der Hinrichtungsstätte. Die Selektion bei der Ankunft in Birkenau, im Hintergrund ein Krematorium. Millionen Brillen, Ballen aus Menschenhaar, Zehntausende von Koffern mit Namen und Adressen, wo jetzt andere Leute wohnen.

Erschüttert blicke ich mich um und versuche, nichts zu sehen. Vor vier Jahren bin ich in Yad Vashem eilig an diesen Bildern vorbeigegangen. Und hier sitzen Frauen, deren Eltern, Onkel und Tanten in den Flammen umgekommen sind, den ganzen Tag an der Schreibmaschine und tippen die Berichte von Menschen, die wie ich beim Würfelspiel um Leben und Tod gewonnen haben.

»Sehen Sie sich nur ruhig um«, wiederholt die junge Frau mit ermutigendem Kopfnicken, als handle es sich um eine Galerie mit modernen Kunstwerken. In den Glasvitrinen, die zwischen und vor den Fotos stehen, befinden sich jedoch keine Kunstgegenstände.

Die Lagerreliquien, die dort ausgestellt sind, schockieren mich wie eine Gotteslästerung. Wie vertraut und doch feindlich sind die selbstgeschnitzten Holzlöffel, die Messer aus geschliffenen Löffelstielen. Wie widerlich die blaugrau gestreiften Sträflingsanzüge und Clownsbarette, wie ekelerregend die zerbeulten Näpfe, aus denen wir damals wechselweise mit zwei oder drei Kameraden das Gesöff schlürften, das sich Suppe oder Kaffee nannte. Gelbe Davidssterne mit Jude, Jood, Juif oder einfach nur mit dem Buchstaben J, gelbe Dreiecke, Nummernlappen, Gebetsriemen und Gebetsmäntel, die ihre Besitzer in den Lagern überlebt haben, Zeichnungen und Texte, die, zwischen Dachbalken verborgen, in Mauerspalten versteckt oder unter Schutt begraben die Vernichtung überstanden haben.

Bonnie G., eine untersetzte, grauhaarige Frau, kommt mit resoluten Schritten auf mich zu, begrüßt mich freundlich und gibt, während sie mich in einen anderen Raum führt, ihrer jungen Assistentin einige Instruktionen.

Das Archiv ist so übervoll mit Büchern, Mappen, Schubladenschränken, Tonbändern und Tischen mit Lese- und Abhörgeräten, daß für ihren Schreibtisch und den Stuhl, auf dem ich sitze, kaum noch Platz ist. Eine Last fällt von mir ab: keine Fotos, keine Vitrinen!

Kaum haben wir uns mit ein paar Worten bekannt gemacht, als die Assistentin hereinkommt und uns stört mit einer Nachricht, die offenbar keinen Aufschub duldet. Frau G. steht auf und windet sich hinter ihrem Schreibtisch hervor: »Die Direktorin, Frau Professor Eliach, ruft aus Washington an. Sie müssen einen Augenblick Geduld haben.« Die entspannte Atmosphäre, die ich aus den bisher besuchten Archiven kenne, fehlt hier zu meinem Erstaunen. Hier arbeiten alle hektisch, wie um die fliehende Zeit beim Schwanz zu packen. Die übervollen Regale mit Tonbändern zeugen von einer nicht nachlassenden Sammelwut, um die Geschichten und Zeugnisse der frommen Überlebenden zusammenzutragen, bevor sie durch den Tod für die Nachkommenschaft verloren gehen.

Kurz vor meiner Reise in die Vereinigten Staaten hatte ich schon eine Anzahl der Geschichten gelesen, die von der aus Washington telefonierenden Direktorin herausgegeben wurden. *Hasidic Tales of the Holocaust* hatte sie das Buch genannt. Jedes Kapitel, jede Seite konfrontierte mich mit Tatsachen, die ich aus eigener Erinnerung und aus unzähligen Berichten in Archiven und Bibliotheken so gut kenne. Die Bilder jedoch, die aus diesem Buch heraufsteigen, haben das Rätselhafte und die mystische Wärme von Chagall und Singer, die mein Herz versteht, aber mein Kopf verwirft. In ihnen gibt es keinen Zufall, jede Rettung ist eine Gnade, aus jedem Satz strahlt Gottvertrauen.

Die Bilder in meinem Kopf dagegen sind grell, oft grauenhaft und kalt, ein Ozean der Wut, in dem winzige Inseln der Hoffnung und Kameradschaft treiben. Die Worte, auf die ich hier stoße, mögen tragisch klingen, sind aber dennoch Worte der Hoffnung und des Glaubens. Die Bestätigung des Pessach-Festes: die Erlösung aus der Sklaverei, der Exodus der Auserwählten. Allmählich fühle ich den Zorn und den Schrecken verebben, die mich beim Eintreten überfallen haben. Woher nehme ich das Recht, die Ausstellung mit Begriffen wie Masochismus und Flagellantentum zu verurteilen? Als sich meine Nerven nach der Konfrontation mit den Mementi meiner Jugendjahre beruhigt haben, erkenne ich schließlich, daß diese Fotos, diese Gegenstände für chassidische Juden eine andere, fast rituelle Bedeutung haben. Die Bilder in der *Haggada*, dem Geschichtenbuch über den Auszug aus Ägypten, bedeuten nahezu dasselbe: »Wisse, daß du durch Menschen erniedrigt wirst, daß aber Jahwe dein Vertrauen nie beschämen wird!« Ich verstehe sehr gut, daß dieser Gedanke während des Krieges und danach vielen Menschen die Seelenruhe schenkte, die mir und anderen Schicksalsgefährten versagt blieb. Verwundert und bewegt hatte ich in Eliachs Buch gelesen, wie der Zufall als Gnade verkleidet wird und die Rettung aus dem Feuersturm zum Lohn für unerschütterlichen Glauben. Trotzdem wuchs in mir der Ärger über die hoffärtige Vorstellung der Auserkorenheit. Doch hier, in diesem überfüllten Raum, in dem auf Tonbändern Tausende Stimmen flüstern, erkenne ich deutlicher denn je, daß der talmudische

Glaube viele Menschen vor der schwarzen Verzweiflung bewahrt hat, die anderen zum Verhängnis wurde.

Beim Tee, als ich Ruhe und Gelassenheit wiedergefunden habe, fragt mich Bonnie G., was ich in ihrem Archiv zu finden hoffe. Geduldig sucht sie mit mir in den Zettelkästen nach Namen und Berichten von Menschen, die damals meinen Weg gekreuzt haben könnten, die vielleicht sogar ein Stück Weg mit mir gegangen sind. Die Ernte unserer Ausgrabungen ist gering. Meine Liste der Überlebenden wird nicht länger, als sie war.

Als Bonnie mich hinausbegleitet, erzähle ich ihr von meiner Verabredung mit Harry G. in New Jersey. Stocksteif bleibt sie stehen. Sie wiederholt den Namen und fragt fast ehrfürchtig: »Wissen Sie, wer seine Frau ist?« Als ich verneine, fährt sie mit Pathos fort: »Sie ist die Tochter eines der frommsten und gelehrtesten chassidischen Rabbiner in New York. Eine Prinzessin aus einer berühmten Dynastie!«

Der Abschied ist freundlich, aber förmlich. »Wir bleiben in Kontakt.«

Von der hochgelegenen Subway-Station sehe ich nochmals auf das Haus, das ich soeben verlassen habe, auf den Schwarzweißfilm unter mir, auf dieses *Stetl* in der neuen Welt, in dem der Talmud die Richtschnur des Lebens ist.

Im schmuddeligen Zug, in dem Junkies mit glasigen Augen auf den Bänken herumhängen und Betrunkene schnarchen, fahre ich zurück in die moderne Zeit, in der ich ebenso unbehaust bin wie in dem nicht ummauerten Ghetto, das ich hinter mir gelassen habe.

Dadack … dadack … dadadadack … dadack … dadadadack: Die Melodie der Gleise und Weichen wiegt mich in sanfte Hypnose. Die Fahrt in das Städtchen Edison in New Jersey dauert nur eine

Stunde, erscheint aber viel länger durch die Eintönigkeit der Industrielandschaft, die an den Fenstern des Amtrack-Zuges vorbeigleitet. Am Telefon hatte Harry mir erklärt, daß ich an einer Haltestelle namens Metropark aussteigen müsse. Er werde mich dort erwarten, vergaß aber, ein Erkennungszeichen auszumachen.

Ich versuche, ihn mir in schwarzem Gehrock und mit Hut vorzustellen, und seine Frau, die Prinzessin aus der chassidischen Dynastie, in dunklem Kleid mit weißen Strümpfen und Stirnband oder Perücke.

Der kleine Bahnhof erweist sich als die moderne, sonnenüberflutete Haltestelle eines Pendlerstädtchens mit einem riesigen Parkplatz voll glänzender amerikanischer Autos, die geduldig auf ihre Besitzer aus der New Yorker Geschäftswelt warten.

Die Mittagssonne hat die ungeschützte Betonbank an der verabredeten Stelle auf Siedetemperatur erhitzt. Kein Mensch zu sehen. Die Luft flimmert über der Straßendecke und den armseligen Sträuchern in der Mitte der Rotunde. Auf der Suche nach einem schattigen Platz höre ich hinter mir das Summen von Autoreifen. Dann wird es wieder still. Ich drehe mich um und sehe durch die getönten Scheiben des Luxuswagens, daß der Fahrer mich beobachtet. Er öffnet die Wagentür, steigt aus; der gedrungene, fast athletische Mann in tadellosem dunkelblauem Sommeranzug und hellblauem Hemd mit Krawatte bleibt neben dem Auto stehen. Wir sehen einander an. Meine Augen tasten sein Gesicht ab: die breiten Backenknochen, die stumpfe, nichtjüdische Nase, das dichte, schwarze, kaum ergraute, nach hinten gekämmte Haar, die dunklen, lebhaften Augen und die Falten im Gesicht, das Ernst, Humor, aber auch Mißtrauen verrät. Ich erkenne seine Züge von damals nicht wieder und doch fühle ich, daß er es ist. Zögernd, fast gegen meinen Willen, frage ich: »Harry?«

Sein Gesicht wird breiter durch ein Lächeln, das gleich wieder in Ernst erstirbt. Wortlos gehen wir aufeinander zu und umarmen uns: totgeglaubte Brüder.

Im Auto entschuldigt er sich, daß er meine Briefe und langen Fragelisten nicht beantwortet hat. Sein dunkel gefärbtes Englisch verrät eine tschechische Jugend, aber die Intonation wird offensichtlich vom Hebräischen bestimmt.

Wir fahren durch ein schönes, großzügig angelegtes Villenviertel von Edison. Kein Ghetto wie in Brooklyn, wenngleich an den meisten Haustürpfosten die *Mesusen* deutlich sichtbar angebracht sind. Er weist mich nachdrücklich darauf hin und fügt hinzu, daß hier, in Amerika, niemand seine Identität zu verstecken braucht. Er fühlt sich hier frei; frei zu tun und frei zu lassen.

Seine Arbeit – er ist leitender Ingenieur in einer führenden Kosmetikfabrik – erschließt für ihn fast alle Länder, in denen Make-up benutzt wird. Sogar Deutschland kann er heutzutage ohne Angst besuchen, und grinsend erzählt er, wie einige deutsche Manager erblaßten, als er zu erkennen gab, daß er ihr taktloses Flüstern wortwörtlich verstand.

Vor einem großen Bungalow, der breit auf einem gepflegten, von Ligusterhecken umsäumten Rasen liegt, stoppt Harry. Lina, seine Frau, ist noch nicht zu Hause, werde aber bald von der Arbeit heimkommen, sagt er. Sie ist diplomierte Krankenschwester und pflegt betagte Juden in einer geriatrischen Klinik nicht weit von hier.

Er zeigt mir das Innere des Hauses, weniger um mit den architektonischen Finessen wie versetzte Wohnebenen oder mit der komfortablen Einrichtung zu prahlen, sondern um mir und auch sich selbst einen Aufschub zu verschaffen. Im Gästezimmer nehme ich Kassettenrecorder und Schreibgerät aus der Tasche. Ich sehe, wie er sich verspannt: »Warten wir damit noch bis nach dem Essen«, schlägt er leise vor.

Im Eßzimmer sitzen wir uns am Tisch gegenüber, ein großes

Glas Fruchtsaft vor uns. Er runzelt verwundert die Stirn, schüttelt verhalten lächelnd den Kopf und murmelt, halb zu sich selbst, halb zu mir: »Über vierzig Jahre ist das jetzt her. Ich rede fast nie mehr darüber. Ich habe so viel vergessen, vergessen wollen. Dies ist ein neues Leben. Wir müssen voraus schauen, nicht zurück.«

Ich höre, wie das Haustürschloß klickt und Papiertüten auf den Küchentisch geknallt werden. Ein paar Sekunden später steht sie vor mir: klein, breit und freundlich. Ihr Gesicht mit den lebendigen Augen und den hohen, slawischen Backenknochen ist von einer Fülle roten Haares umkränzt, in dem das Grau durch Henna vertrieben wurde. Eine chassidische Prinzessin? Aber ohne die Bigotterie, vor der ich Angst hatte.

Harry braucht mich nicht vorzustellen. Sie weiß, wer ich bin, erkundigt sich nach meinem Befinden, nach der Reise und nach den Ergebnissen meiner Suche. Ein wenig später ist sie eifrig in der Küche beschäftigt und Harry deckt festlich den Tisch, »als ob es Freitagabend wäre«.

Während der Mahlzeit plätschert unsere Konversation unschuldig dahin. Erst als der Geschirrspüler in der Küche rauscht, das zweite Fernsehgerät murmelt und Lina außer Hörweite ist, können wir uns nicht länger vor unserem Thema drücken. Harry sitzt in einer dunklen Zimmerecke, tief in einem Sessel versunken. Mein Tonbandgerät versucht seine gedämpften Worte aufzufangen, aber seine Stimme ist so leise, daß ich näher zu ihm hinrücken muß, um seine Geschichte aufzuzeichnen. Fragen sind überflüssig. Er beginnt, zögernd, von seinen Eltern und seiner Jugend in der Tschechoslowakei vor dem Einfall der Deutschen zu erzählen. Scheint sich an die Kindheit im Städtchen Budweis festzuklammern.

Im Leben seines Vaters, eines Brückenbauingenieurs, der in den Krisenjahren als Bierbrauer und Restaurantbesitzer ein gutes Auskommen hatte, spielte das Judentum kaum eine Rolle. Politisch aktiv, Mitglied der Sozialdemokratischen Partei, hatte er Freunde in allen Schichten der Bevölkerung und brachte alle Welt mit nach Hause. Viele seiner Vorfahren stammten aus Budweiß, niemals war einer von ihnen seiner Herkunft wegen schlecht behandelt worden. Seine Mutter, in Ostrava geboren, war in einer traditionellen jüdischen Familie aufgewachsen, aber auch sie hatte nie wegen ihres Glaubens leiden müssen.

Bis zum Ausbruch des Krieges verlief Harrys Leben normal. Ein paar Grundschuljahre wie die von Tausenden anderer Kinder im Land. Freunde auf der Straße, Spiele auf den Feldern, Streifzüge in den Wäldern.

Der deutsche Einfall in Polen im September 1939 machte einen tiefen Schnitt in die Zeit. Auch Mähren, schon seit dem 15. März 1939 »Protektorat« unter den Nationalsozialisten, fiel der Waffen-SS zum Opfer.

Ein knappes halbes Jahr später wurde der Vater wegen seiner politischen Aktivität verhaftet. Aus Auschwitz, das damals erst seit einem Monat als Konzentrationslager bestand, erhielt Harrys Mutter ein Telegramm mit der Todesnachricht ihres Mannes, gezeichnet: Rudolf Höß, SS-Hauptsturmführer.

Nach der Rückkehr zu den Eltern der Mutter in Ostrava, lebte die vaterlose Familie mit vier anderen Familien zusammengepfercht in einer Wohnung und harrte auf das Niedersausen des Damoklesschwertes. Die Türen der normalen Schule blieben für Harry und die anderen jüdischen Kinder hermetisch verschlossen. Der improvisierte Unterricht durch jüdische Lehrkräfte war für die Mehrzahl der Schüler eine bis dahin unbekannte Erfahrung. »Hitler hat uns erst zu Juden gemacht«, kichert Harry ironisch und fährt leise fort: »Die Reise nach Theresienstadt blieb meinen beiden Großmüttern erspart. Sie starben gerade noch rechtzeitig. Meine Großväter hatten weniger Glück: Sie waren verhungert, als wir dort ankamen.«

Schleppend, fast flüsternd, in traurigem Ton: »Ich kann mich an so wenig erinnern. Nur der nagende Hunger und das Gefühl von Luxus, wenn man ein bißchen Senf aufs Brot ergattern konnte, sind mir noch deutlich im Gedächtnis. Sogar von der Ankunft in Auschwitz-Birkenau im Winter 1943, ich glaube, es war im Dezember, sind mir nur ein paar Bilder geblieben. Nur meine Nummer kenne ich noch auswendig, aber die sehe ich täglich auf meinem linken Arm: 169062.«

Ich kann sein Zögern, seinen Widerstand gegen den Lavastrom der Vergangenheit nachvollziehen. Die Gedächtnislücken sind mir wohlvertraut. Sie schützen ihn und mich, vielleicht uns alle. Schweigend sitzen wir uns in der Dämmerung gegenüber.

Mit flacher Stimme, als stünde er unter Hypnose, fährt er unerwartet fort: »Zusammen mit Mutter kam ich in die Sauna. Wir mußten uns ausziehen. Ich wollte davonlaufen und wehrte mich gegen die Bade-Kapos. Ich kratzte und biß, aber sie hielten mich fest. Einige von uns versuchten, sich hinter einer Wand zu verstecken. Wir wußten alles über das Gas, aber hier gab es richtige Duschen. Sie schoren uns die Schamhaare ab und tätowierten uns die Nummer auf den Arm. Draußen auf dem vereisten Appellplatz warteten, schlotternd vor Kälte, polnische Häftlinge in dünner, gestreifter Lagerkleidung, bis sie an die Reihe kamen.«

Harry versinkt wieder in dumpfes Schweigen. Das murmelnde Fernsehgerät in der Küche und das Rumpeln der Spülmaschine machen die Stille hörbar. Er starrt ins Leere, als würden dort Bilder projiziert.

Kaum verständlich spricht er weiter, ohne auf die Chronologie der Geschichte zu achten. Bilderfetzen des Schreckens, die unmittelbar darauf auf meiner eigenen Netzhaut entstehen. Bei einer Selektion wird er nach links geschickt, seine Mutter nach rechts. In einem unbeobachteten Augenblick winkt ihn der »Schreiber« auf die Seite, wo seine Mutter steht, auf die Seite des

Lebens. Im Familienlager B II B bleibt er noch monatelang mit ihr zusammen.

Die Ereignisse des Juli 1944, die Selektionen, die Arbeitstransporte, die Vernichtung der Zurückgebliebenen, unsere Verlegung ins Männerlager B II D und unsere Einquartierung zum Strafkommando im Block 13 sind mit einem dünnen Mantel des Vergessens bedeckt. Nur das, was er ertragen kann, durchdringt die Trennschicht. Nur wir, die Kameraden, die Alters- und Schicksalsgefährten, sind nicht aus seinem Gedächtnis getilgt. Die Worte überstürzen sich: »Mein Onkel kam im September 1944 mit einem Transport aus Theresienstadt. Im B II E-Lager stand er, barfuß und hungrig, vor den stromgeladenen Drähten. Ich warf ihm ein Paar Schuhe hinüber, aber ein SS-Mann erwischte mich dabei. Stundenlang mußte ich mit erhobenen Armen stehen und bekam Prügel. Der Lagerführer verurteilte mich zu fünfundzwanzig Stockschlägen, aber als ich auf dem Bock geschnallt lag und einer der Kapos mich mit seinem Spazierstock zu bearbeiten begann, kam Bednarek, unser polnischer Blockältester dazwischen und setzte durch, daß ich mit fünf Schlägen davonkam.«

Mir ist, als versinke der Boden unter mir. Tränen rinnen mir aus den Augen. Ich höre wieder, wie er schreit, sehe ihn mit blutiger Hose zum Waschraum wanken. Wir anderen stehen stramm auf dem Appellplatz zwischen Block 11 und Block 13. Die Mützen mit der Faust umklammert, den Kopf starr nach links gerichtet, damit wir nichts von dem aufgezwungenen Schauspiel versäumen.

Mein Gesicht ist naß. Ich fasse seine Hand und halte sie fest, wie um ihn jetzt noch, nach vier Jahrzehnten, zu trösten. »O Gott, du warst das. Wie konnte ich das vergessen?«

Schweigend sitzen wir einander gegenüber. Plötzlich fährt er fast munter fort: »Das hättest du von Bednarek wohl nicht erwartet? Er war nicht der Schlimmste, obwohl er manchmal tobte wie ein toller Hund.«

Der Schock des Erkennens verebbt allmählich. Ich finde mich in die Rolle als Zuhörer und Fragender zurück. Wie kam man in Auschwitz-Birkenau an Schuhe, diese unersetzlichen Gebrauchsgüter, die genau so wichtig für das Überleben waren wie Wasser und Brot, vielleicht sogar noch an ein zusätzliches Paar? Die Frage erstaunt ihn nicht im mindesten und er erwidert, als sei das ganz normal: »Natürlich vom ›Sonderkommando‹. Die haben mir oft auch Essen zugesteckt.«

Die geheimnisvoll zugenagelten Fensterläden des benachbarten Blocks 11 schienen damals undurchdringlich. Das mit drakonischen Strafen belegte Verbot, mit der dahinter hausenden geheimnisvollen Truppe des Schreckens in Kontakt zu treten, hatte mich und drei andere niederländische Kameraden davon zurückgehalten. Doch nicht allein die Strafe schreckte uns. Wir hatten auch Angst vor den Männern, die Tag für Tag die Öfen der Krematorien mit Tausenden Opfern aus den Gaskammern fütterten, manchmal sogar mit ihren eigenen Familienangehörigen. Diese Männer wußten, daß sie nach sechs Monaten in denselben Flammen zu Asche verbrennen würden. Verglichen mit uns lebten sie in materiellem Luxus und spielten an Sonntagnachmittagen Fußball mit den SS-Leuten. Sie schürten das Höllenfeuer und lebten im Fegefeuer. Die meist polnisch-jüdischen Häftlinge, die schon seit 1939 in Ghettos und Lagern dahinvegetierten, umgab ein Schleier der Verdammnis und des Verderbens, der uns Furcht einjagte.

Es gelang Harry, Yehuda und ein paar anderen slawisch sprechenden Jungen unserer Gruppe, die Verbindung zu den isolierten Männern des Sonderkommandos herzustellen. »Als hätten sie uns adoptiert, als brächten wir ihnen etwas von ihren eigenen umgekommenen Kindern zurück. Als könnten sie, indem sie uns beistanden, einen Anflug von Menschlichkeit bewahren. Sie sprachen mit uns über die Welt von Gestern, als ob sie noch bestünde.«

Nun da wir uns unseren Emotionen überlassen, lichtet sich allmählich der Nebel über unserem Gedächtnis. Unser beider Bilder sind beinahe identisch. Sie gewinnen an Tiefe, ihr Schrecken wächst: Der Gestank des fetten Rauchs, das Klappern der Suppenkessel, das Betteln um einen Zuschlag, das Strafexerzieren, »Sport« genannt, das Erhängen der auf der Flucht aufgegriffenen Kameraden, die Russen, die zuweilen freigebig »organisierten« Kunsthonig verteilten, unser Wettlauf um die minder gefährlichen Plätze an den Rollwagen, auf denen wir Holz, Steine, Teerpappe oder Leichen transportieren mußten. Und die zum Tode verurteilten Muselmänner, wandelnde Skelette, die Abscheu statt Mitleid erweckten: unsere gefürchtete Zukunft.

Nicht alle Erinnerungen haben wir gemeinsam. Vom blutigen Selbstmordversuch Yehudas und seiner Errettung durch Finck, einen Jungen, der Brot und Suppe mit den Kranken teilte und selbst nicht überlebte, hatte ich noch nie gehört. Auch nicht von Thomas, einem von uns, der durch die weiße Kapo-Binde vom Freund zum Feind wurde.

Unsere letzten gemeinsamen Bilder sind wie mit Stahlnadeln in unser Hirn geätzt: der Aufstand des Sonderkommandos im Krematorium IV. Knapp einen halben Kilometer von uns entfernt bricht am Samstag, dem 7. Oktober 1944, die Hölle los. Was die dumpfen Explosionen, das Gewehrfeuer, das Bellen der Maschinengewehre, das Brüllen und das Heulen der Sirenen bedeuten, dringt anfangs gar nicht zu unseren benommenen Gehirnen durch, doch dann versetzt uns der rasend schnelle Umlauf der Gerüchte in fiebrige Aufregung. Wir werden zwischen Hoffnung und Furcht hin und her geschleudert. Ist die Befreiung in Sicht oder beginnt die SS das Lager zu liquidieren? Später am Nachmittag sinken wir in unsere Lethargie zurück: Das Krematorium IV brennt und zweihundertfünfzig Männer des Sonderkommandos sind durch die Kugeln und Granaten der

SS zerfetzt. Ein milderer Tod als jener, der sie im Gas erwartet hätte.

Gleich Fledermäusen spuken unsere Geschichten durch die Dunkelheit. Lichtbündel vorbeifahrender Autos streifen durchs Zimmer wie die rotierenden Scheinwerfer auf den Wachttürmen.

Harrys Bilder überstürzen sich: die Räumung des Lagers unter dem hoffnungweckenden Donner der näherrückenden russischen Artillerie, die zurückgelassenen sterbenden Kameraden, die Todesmärsche in Schnee und Eis, die erschöpft Zurückbleibenden und die SS-Leute in dicken Winteruniformen, die ihnen mit einem Genickschuß die letzte Hoffnung rauben, die offenen Kohlenwaggons, auf denen Menschenknäuel zu Eisstatuen gefrieren, der Aufenthalt in Ostrava, wo die Einwohner der Stadt Brot und Wasser bringen wollen, aber vor dem Kugelregen der Wachleute fliehen müssen, und die Ankunft in Linz, dezimiert, krank und ausgehungert.

»Wir stolpern durch die Straßen, fallen hin und stehen wieder auf unter dem heiseren Gebrüll der SS. Vor den Augen der Städter getrauen sie sich nicht, die Zurückbleibenden niederzuschießen, obwohl die Zuschauer uns ohne Mitgefühl den Rücken zukehren und uns mit Schimpfwörtern überschütten, als brächten wir die Pest.« Harry scheint aus einem Alptraum zu erwachen und spricht stockend, fast unhörbar: »Von der letzten Etappe nach Mauthausen weiß ich nichts mehr. Fischer, der berüchtigte Lagerkapo aus Birkenau, hat mich vor dem Erfrieren gerettet, als wir durchnäßt im Schnee vor der Desinfizierungsbaracke warten mußten. Als wäre er seit dem Auszug aus Auschwitz ein anderer Mensch geworden. Vom Henker zum Samariter. Er half uns, den Jungen aus dem Familienlager, wo er nur konnte, und sein Tod erschütterte uns wie der eines Angehörigen.

Misha, Yehuda, Ian, Michael und ich kamen zum Kartoffel-schälen in die Küche. Wir halfen einander, klauten füreinander. Ein Kapo erwischte mich mit einer Handvoll Kartoffelschalen. Ein Wachmann beförderte mich mit einem Tritt die große Treppe hinunter. Wie ich nach Wels, in das letzte Lager, gelangt bin, weiß ich nicht mehr. Auch die anderen Jungen kamen dorthin. Später hörte ich, im Zeltlager sei Kannibalismus vorgekommen. Gesehen habe ich es nicht. Ganz zuletzt kamen Päckchen vom Roten Kreuz. Aber die waren von den Wachleuten meist schon geplündert. Um die Überreste schlugen sich die erwachsenen Häftlinge die Schädel ein. Wir bekamen nichts davon ab.«

Der monotone Bericht, mehr nach innen als an mich gerichtet, bekommt plötzlich Feuer. Die Vergangenheit wird lebendig: »Die Bombenangriffe und der Kanonendonner verscheuchen unsere Apathie. Einer kriecht hinaus und kommt stotternd vor Aufre-gung zurück: ›Die Deutschen sind fort!‹ Ich schlafe ein, ganz tief und ohne Angstträume. Am nächsten Morgen laufen wir hinaus und gehen durch das offene Tor. Keine Wachen auf den Wach-türmen, keine Wachen am Stacheldraht. Wir laufen, stolpern wei-ter. Ein riesiger Panzer rollt auf uns zu. Auf der Kuppel sitzt ein schwarzer Soldat und wirft uns Bonbons und Schokolade hinun-ter. Es folgen zwei weitere Panzer und dahinter andere Militär-fahrzeuge. Man zieht uns hinauf. In der Ferne noch immer das Dröhnen der Artillerie.

In einem nahen Dorf setzen uns die amerikanischen Soldaten vor einem Lebensmitteldepot der vertriebenen SS ab. Ausgehun-gerte Häftlinge, aber auch abgemagerte Dorfbewohner kriechen wie Ameisen über die Säcke voll Zucker, Mehl und Hülsenfrüchte, füllen Taschen und Säcke bis zum Bersten und stopfen sich an Ort und Stelle den Magen voll. Wir können kaum etwas essen, uns wird übel und wir erbrechen mitten im Überfluß.

Die Fahrt zum Feldlazarett auf dem Luftwaffenstützpunkt erleben wir nicht mehr bewußt. Erst als wir in der Quarantänebaracke erwachen, wo wir und andere typhuskranke Kameraden gepflegt werden, wird uns bewußt: Wir sind frei!«

Die lauten, beinahe jauchzenden Worte rufen Lina herbei. Vom Licht der Küche umflutet, steht sie in der Tür und fragt erstaunt und besorgt, warum wir im Dunkeln sitzen. Der Schein der Lampen verjagt die Gespenster.

Die Last der Erinnerung fällt von mir ab. Während wir ein Glas Fruchtsaft trinken, das Lina vor uns hingestellt hat, wirft mir Harry einen scheuen Blick zu und fragt, ob ich weitermachen möchte. Obwohl die Gefühle der vergangenen Stunden uns zugesetzt haben, weiß ich, daß der Faden jetzt nicht abreißen darf.

Ohne mich anzusehen spricht er weiter: »Außer Ian, der sonderbar und aggressiv zu werden begann, erholten wir uns rasch. Nach ein paar Wochen lungerten wir auf dem Luftwaffenstützpunkt bei Hörsching herum, redeten in gebrochenem Englisch mit den Soldaten und halfen ihnen bei kleineren Arbeiten. Wir stahlen *combatrations,* obwohl wir reichlich zu essen bekamen, das ›Organisieren‹ war uns in Fleisch und Blut übergegangen.

Einmal erkannten wir in der Umgebung des Dorfes einen SS-Wachmann. Zur Tarnung trug er schäbige Zivilkleidung. Wir nahmen uns nicht die Zeit, ihn anzuzeigen, vielleicht fiel es uns gar nicht ein. Zu fünft gingen wir auf ihn los und wollten ihn umbringen. Aber es gelang uns nicht. Er wehrte sich und floh. Wir waren zu schwach oder zu feige, noch immer verspürten wir in uns ohnmächtige Wut.

Ich wurde als erster aus dem Hospital entlassen und wollte heim nach Ostrava, um nach meiner Familie zu suchen. Mit einem vom amerikanischen Kommandanten unterschriebenen Ausweis, in dem stand, daß ich aus Mauthausen befreit worden war, traf ich in Wien ein. Eine Krankenschwester erwartete mich. Wir fuhren mit dem Zug über Bratislava nach Ostrava. Die Reise dauerte Tage. Die Menschen, denen wir begegneten, waren interessiert und freundlich, vielleicht, weil sie meine Lagerkleidung und das Stoppelhaar sahen. Auf dem Bahnhof von Ostrava, wo wir mitten in der Nacht eintrafen, verabschiedete sich die Schwester. Sie durfte den Zug zurück nach Wien nicht verpassen.

Das Kaffeezelt am Eingang war noch offen. Ein paar Männer standen dort und unterhielten sich. Einer winkte mir, näherzukommen. Ich war damals noch scheu, ging aber hin. Sie gaben mir Kaffee und fragten mich aus. Die Straßenbahn in Richtung meiner alten Wohnung ließ auf sich warten. Der älteste der Männer bot an, mich ein Stück zu begleiten. An der vorletzten Haltestelle stieg er aus, gab mir die Hand und sagte leise: ›Masseltow‹.«

Harrys Stimme klingt heiser und ich fürchte, daß ich ihn zu sehr belaste. Als ich ihn unterbrechen will, winkt er ab und fährt angespannt fort: »Als ich auf dem Pflaster vor der Endhaltestelle stand und mich im dünnen Morgennebel umsah, erkannte ich jedes Haus, jeden Stein. Zu dieser Zeit waren wenig Leute auf der Straße und ich zögerte, so früh das Haus aufzusuchen, das wir vor mehr als drei Jahren verlassen mußten.

Als das Blau am Himmel sichtbar wurde, machte ich mich auf den Weg. Vor mir ging eine gebeugte, ältere Frau. Von hinten ähnelte sie entfernt meiner Mutter, aber damals spielte mir meine Phantasie öfter einen Streich. Ich ging hinter ihr her, denn sie schlug denselben Weg ein wie ich. Ich beschleunigte die Schritte und in dem Augenblick, da meine Vermutung zur Gewißheit wurde, rief ich: *Mutter*, und sie war es wirklich.«

Er hüstelt, um sein Schluchzen zu verbergen. Auch ich kann die Tränen nicht zurückhalten. Kummer über den eigenen Verlust, Neid, Mitleid, aber auch Dankbarkeit, daß sie errettet wurde, kämpfen in mir um die Wette. Mit vorgetäuschter Sachlichkeit, leicht ironisch, aber immer noch heiser fährt Harry fort: »So haben wir uns wiedergefunden. Also doch noch ein happy ending.«

Wie Schwimmer nach einem Wettkampf ringen wir am Beckenrand nach Atem und schauen in die Tiefe zurück. Harry schüttelt die Gefühle von sich ab. Distanziert und hastig durchläuft er die Jahre nach dem Krieg. Nicht, weil es spät geworden ist und am nächsten Morgen die Arbeit auf ihn wartet, sondern weil diese Jahre, wie er meint, so normal verliefen, daß sie kaum Aufmerksamkeit verdienen. Er läßt sich erst Zeit, als ich ihm versichere, daß gerade die »Normalität« mir so wichtig scheint, da es ungewöhnlich ist, »normal« weiterzuleben.

Seine Mutter und seine Tante waren früher nach Hause gekommen und umsorgten ihn liebevoll in Ostrava. Doch das Land Kafkas war voll von alten Gespenstern und von neuen, die sich drohend am Horizont zeigten. Die Frauen fühlten sich bedrängt. Die Tante emigrierte nach Amerika, Harrys Mutter wollte ebenfalls fort, am liebsten nach Palästina. Er versuchte, in kurzer Zeit die verlorenen Schuljahre nachzuholen und wurde *Bar-Mizwa*, zwei Jahre später als nach jüdischem Brauch üblich.

Ein Jahr nach der Befreiung, im Frühling 1946, fährt seine Mutter als Jugendleiterin mit einer Gruppe elternloser Kinder in ein Erholungsheim bei Straßburg. Harry geht mit. Als sich im November 1947 eine Gelegenheit bietet, trotz der englischen Blockade nach Palästina einzureisen, greifen Mutter und Sohn mit beiden Händen zu.

Für die Hagana, zu der er sich als Freiwilliger melden wollte, war er noch zu jung. »Die Lagerjahre zählten nicht doppelt«, grinst er. »Als 1948 der Krieg ausbrach, änderte sich die Situation. Vormittags arbeitete ich als Ordonnanz bei der Luftwaffe, und nachmittags bekam ich eine militärische Ausbildung. Nach meinem Geburtstag wurde das Vorrecht zur Pflicht. Die gründliche Ausbildung zum Flugzeugmechaniker hielt mich leider am Erdboden fest, aber nach dem Ende der Dienstzeit verpflichtete ich mich für weitere Jahre.

Ich heiratete das Mädchen mit den roten Haaren, in das ich mich schon im Jugendheim in Frankreich verliebt hatte. Ihr Vater, ein Rabbiner, der geradewegs aus einem Auffanglager für ›displaced persons‹ nach Amerika gegangen war, fehlte neben der *Chuppa*. Meine Mutter wanderte kurz nach der Trauung in die Vereinigten Staaten aus, wo sie sich wieder verheiratete. Schon bald nach Kriegsende hatte sie ein Immigrationsvisum bekommen. Ich blieb mit Lina in Israel; wir hatten das Land lieben gelernt, weil es unser Land war.

1952 wollten wir meine Mutter besuchen und stellten einen Antrag auf ein Besuchervisum. Es wurde uns verweigert, da ich, wie meine Mutter, ein Immigrationsvisum hatte, Lina aber nicht. Es dauerte noch vier Jahre, bis wir einreisen konnten. Diese absurde Bürokratie!

Mit unseren Visa besuchten wir Amerika, fast ohne einen Cent in der Tasche. Obwohl wir ursprünglich nur drei Monate bleiben wollten, suchte ich mir eine Arbeit, um Mutter nicht auf der Tasche zu liegen. Aber es kam anders als gedacht. Mein Visum gab mir das Recht, mich auf dem Arbeitsmarkt zu bewerben und ich fand eine Stelle als Techniker bei dem Betrieb, bei dem ich noch heute bin. Nach drei Monaten kündigte ich. Unsere Rückreisepapiere waren fertig. Da bot mir die Direktion an, das Gehalt zu verdoppeln, wenn ich noch ein halbes Jahr bliebe.

Wir gewöhnten uns an den Luxus, an die Ruhe, an den *American way of life*. Von Jahr zu Jahr verbesserte sich meine Position und dementsprechend stieg mein Einkommen. Hier gab es keine Rationierung, keine materiellen Engpässe, keine Kriegsgefahr. Wir fühlten uns in Sicherheit, aber auch schuldig. Noch immer. Israel bleibt für uns immer ›das Land‹. Wirkliche Freunde, wie wir sie dort hatten, gibt es hier nicht. Unsere Söhne sind hier aufgewachsen, und jetzt auch unsere Enkel.«

Wie um sich zu rechtfertigen, zieht er Fotos aus der Innentasche und hält sie mir vor: junge amerikanische Intellektuelle vor geräumigen Bungalows, auf den hübschen Rasenflächen spielen schlanke, gepflegte Frauen mit ihren etwas zu wohlgenährten kleinen Kindern.

Schweigend sitzen wir morgens am Frühstückstisch. Mein Kopf dröhnt nach einer traumschweren Nacht. Mir fehlt die Kraft, das Schwungrad der Worte wieder in Bewegung zu setzen. Lina, noch im Morgenmantel, sieht müde und betrübt aus. Sie schaut uns besorgt an und fürchtet, die Geister, die wir gerufen haben, könnten uns einen zu hohen Zoll abverlangen. Harry ißt hastig, sein Blick schweift in die Ferne. Die gerunzelte Stirn verrät, daß er in Gedanken anderswo ist. Aber nicht bei Problemen, die etwas mit seiner Arbeit zu tun haben.

Aus dem Auto winken wir Lina zu, die unter der silbernen Mesusa am Türpfosten lehnt und mit ihrem Taschentuch zurückwinkt, als müßte sie es nach dem Abschied trocknen. Während der ersten Kilometer umfängt uns das Schweigen eines unbeendeten Gesprächs. Der Motor summt beruhigend, aber ich spüre, daß Harry nach Worten sucht. Er stellt das Auto am Straßenrand ab und dreht den Zündschlüssel um. Ohne mich anzusehen, sagt er: »Über diese Jahre rede ich sonst eigentlich nie. So wie es nach unserem Gespräch gestern abend den Anschein hat, ist es nicht, darf es auch nicht sein. Ich denke positiv über die Menschen. Ich bin Optimist. Die Menschen machen Fortschritte, werden intelligenter, haben eine bessere Ausbildung. Krisen kommen und gehen. Depressionen kommen und gehen. Der Wohlstand wächst. Der Lebensstandard steigt. Die Technik weist den Weg. Wir leben in einer aufregenden Zeit.«

Einen Augenblick lang verschlägt es mir die Sprache. Diesen hauchdünnen Mantel des Selbstschutzes hatte ich nicht erwartet. Ich muß meine Neigung zur Skepsis unterdrücken, um nicht an diesem Mantel zu zerren. Trotzdem entfährt mir die Frage, warum wir überlebt haben, und die Antwort läßt die Risse in seinem Panzerhemd erkennen.

»Der Zufall hat uns im richtigen Moment an den richtigen Platz geschoben, und die Hilfe, die wir einander manchmal geben konnten, hat unsere Chancen erhöht. Vielleicht sind wir mehr relativistisch, ja, sogar härter geworden als die anderen. Ich habe Finck zwar bewundert, der sein Brot den kranken Freunden gab und der uns wie ein Heiliger vorkam, aber waren seine Motive denn ganz belanglos? Für mich gibt es keine Helden mehr und ich glaube, jeder ist sich selbst der Nächste.«

Unser Abschied am Bahnhof ist kurz und herzlich. Er winkt noch einmal und fährt dann weiter in den Betrieb, wo er über die Produktion von Kosmetikartikeln wacht, nach der die Welt für ihre Verschönerung verlangt.

»Displaced persons«

Die drei Jungen auf dem Foto lächeln. Der auf der linken Seite entblößt die Zähne und hält die Augen geschlossen. Der Rechte blickt unter den halbgeschlossenen Lidern auf den Fotografen. Zwei Schneidezähne verraten ein flüchtiges Lächeln. Der Mittlere schaut spöttisch in die Linse, den Mund grimmig verzogen. Die Ohren sind auffallend groß, Radioteleskope für Gefahren. Die Schillerkragen geben magere Hälse und vortretende Adamsäpfel frei. Das Lächeln auf den Gesichtern tut mir weh, ich spüre die Unaufrichtigkeit. Tucholskys Worte »Lerne lachen ohne zu weinen« kommen mir in den Sinn.

Das Foto ist dreiundvierzig Jahre alt. Es gelingt mir weder, den Namen der Jungen herauszufinden, noch das Land oder den Ort ihrer Geburt. Nur wenige Tatsachen kenne ich: Sie haben die Ghettos und Lager überlebt und dort ihre Eltern verloren. In den Jahren zwischen 1947 und 1949 sind sie, wie viele ihrer Schicksalsgefährten, in Halifax an Land gegangen. Die *Aquitania*, eine verspätete Arche Noah, die zwischen Europa und der Neuen Welt hin und her pendelte, hatte sie nach Kanada gebracht, nachdem mehr als tausend Waisen eine einigermaßen hoffnungsvolle Zukunft versprochen worden war.

Bei jedem Einlaufen stehen Dutzende von kanadischen Juden am Kai, die den Krieg nur als bestürzende Nachricht aus der Ferne kennen. Die Begeisterung ist echt, legt sich aber bei manchem, wenn er unter den ausgeschifften Passagieren kein kleines Mädchen entdeckt, das er adoptieren könnte. Jungen und Mädchen im Pubertätsalter kommen die Laufplanken herunter: Beinahe-Erwachsene, hinter sich eine verlorene Kindheit voll Höllenerfahrungen.

Auch Lagerkameraden von mir sind hier an Land gegangen.

Während des freundlichen Empfangs klicken die Kameras wie ein Orchester von Spechten. Drei Jungen, die Arme umeinander gelegt, lächeln höhnisch in die Linse.

Das abgegriffene Foto vor mir drängt auf eine Erklärung.

22. Juni 1940: Die Kapitulation Frankreichs. Deutsche und französische Generale an einem langen Tisch in demselben alten hölzernen Eisenbahnwaggon, in dem zweiundzwanzig Jahre zuvor die deutsche Aggression bestraft wurde. Aus Hitlers Augen strahlt Triumph und Rache. Er sitzt mit seinem Dolmetscher neben Göring, Raeder, Brauchitsch, Ribbentrop, Heß, Keitel und Schmidt. Die fleischgewordene Perversion der Macht wartet auf den Federzug der Unterworfenen. Der französische General Charles Huntzinger unterzeichnet nach einigem Zögern und unter Drohungen von Keitel das Waffenstillstandsabkommen, und damit wird Frankreich zum Opfer und zur Marionette des Dritten Reiches.

Kaum vier Monate später erläßt Pierre Laval, stellvertretender Ministerpräsident der kollaborierenden Vichy-Regierung, ein Statut, in dem die Juden von öffentlichen Ämtern, freien Berufen und vom kulturellen Leben ausgeschlossen werden. Für die Deutschen war es sonnenklar, daß »Vichy« die Nürnberger Rassengesetze freudig akzeptierte.

Am 4. Oktober 1940, einen Tag, nachdem Laval den Status der Juden in Frankreich abgewertet hatte, erklärte er jeden Juden ohne französischen Paß für vogelfrei. Die französische Polizei internierte auf Befehl des deutschfreundlichen Polizeipräfekten René Bousquet rund viertausend ausländische Juden im besetzten Teil Frankreichs und zwanzig- bis dreißigtausend im »freien« Süden.

In Berlin hörte man das mit Wohlgefallen. Hitler, Himmler und Karl Oberg, Himmlers Stellvertreter in Paris, forderten weitergehende Maßnahmen. »Vichy« schien reif für die Mitwirkung an Deportationen.

Es war Laval und den Seinen nicht entgangen, daß die »Abschiebung nach Osten« gleichbedeutend war mit dem Tod. Zwar konnte Laval die Hände nicht mehr in Unschuld waschen, er versuchte jedoch, vor loyalen Landsleuten ein Schattenspiel des Patriotismus aufzuführen. Sein schwacher Versuch, die »rein« französischen Juden vor der Abschiebung aus Drancy nach Auschwitz zu bewahren, indem er sie nicht durch französische Gendarmen verhaften ließ, war nur eine Täuschung. Er überließ die Razzien der deutschen Feldpolizei. Zehntausend staatenlose Juden, die unter grauenhaften Umständen in Lagern wie dem berüchtigten Gurs interniert waren, ließ Pierre Laval skrupellos verhaften und an die Deutschen ausliefern. Weitreichende Befugnisse im Regierungsapparat von Vichy waren der Lohn dafür.

Bousquet und Heydrich kamen im Mai 1942 überein, der deutschen Polizei in den besetzten Gebieten freie Hand zu lassen, während im »freien« Vichy-Frankreich nur Gendarmen Jagd auf Juden ohne französische Staatsangehörigkeit machen durften.

Obwohl Laval fürchtete, die Anzahl der untergetauchten Personen könne zunehmen und damit der Widerstand der Bevölkerung, war er bereit, an der »Endlösung der Judenfrage« mitzuwirken. Zwar besaßen nach französischem Gesetz die Kinder staatenloser Eltern die französische Staatsbürgerschaft, aber um solche Lappalien kümmerte sich der Regierungschef nicht mehr. Nur zu Beginn der Massendeportationen ließ die französische Polizei Mütter mit Kindern unbehelligt.

Oberg forderte weitere Menschenopfer, um die Viehwaggons nach Osten besser zu füllen. Das Vichy-Regime fürchtete jedoch den Protest der Bürger und die Aktivitäten des Maquis, der französischen Partisanen, wenn Mütter mit französischen Kindern aus ihren Verstecken verschleppt würden. Der Befehl lautete deshalb: Trennung der Familien. Tausende Tragödien und herzzerreißende Szenen spielten sich in den letzten Juliwochen 1942 in den Dörfern und Städten der »freien« Zone Frankreichs ab. Mütter wurden von ihren Kindern, Kinder von ihren Müttern weggerissen. Familien zerstoben wie Sandkörner im Sturm.

Nach einer Inspektionsreise von Adolf Eichmann berichtet Hauptsturmführer Dannecker, Leiter des Judenreferats in Frankreich, nach Berlin, Präsident Laval erhöbe keinen Einspruch gegen die Deportation von Kindern.

Die Regierung in Vichy weiß sich keinen Rat bei den Tausenden kleinen Waisen. Kollaborierende hohe Polizeifunktionäre beschweren sich bei Heinz Roethke, dem Kollegen Danneckers, in Paris. Als Eichmann am 20. Juli den Befehl erteilt, auch alte Juden und Kinder auf Transport zu schicken, schließt sich der Teufelskreis: Drei Wochen, nachdem die Eltern mit Endstation Auschwitz abgereist sind, folgen ihnen die Kinder nach, achtzig bis hundert in einem Viehwaggon.

Auf dieser Erde hinterließen sie kaum eine Spur.

Zu den wenigen, die den Bluthunden entkommen konnten, gehört Saul Friedländer, der als Zehnjähriger kurz vor ihrer Verhaftung von den Eltern in einem katholischen Seminar versteckt wurde. In seinem ergreifenden Buch *Quand vient le souvenir ...* beschreibt er seine Erlebnisse und verschweigt nicht die Todesangst in jenem Sommer des Schreckens.

Unglaubliche Berichte über Deportationen und über die verwaisten Kinder drangen auf vielerlei Wegen zu den Alliierten durch. Die jüdischen Organisationen in Übersee waren ebensowenig imstande, den Umfang und den Ernst der Situation zu begreifen wie die einzelnen Regierungen. Hilfsaktionen kamen nur stockend in Gang. Proteste des französischen Klerus und individuelle Interventionen bei Laval blieben ohne Erfolg.

Rafael Trujillo, Diktator der Dominikanischen Republik, erbot sich, dreitausendfünfhundert Kinder aufzunehmen, und die kanadische Regierung faßte auf Drängen des Canadian Jewish Congress (CJC) sofort den Beschluß, tausend Waisen einreisen zu lassen. Die Verfassung erforderte jedoch, daß Regierungsmaßnahmen von allen Provinzregierungen zu bestätigen waren. Der Beauftragte des CJC reiste in fliegender Eile in alle Provinzhauptstädte. Das Mitgefühl ebnete die Wege, bürokratische Hindernisse wurden ohne viel Mühe beseitigt. Am 2. Oktober 1942 kam der Beschluß aus Ottawa, Kanada wolle die Kinder aufnehmen, diese aber waren einen Monat zuvor schon zu Asche vergangen.

Sowohl in den Vereinigten Staaten als auch in Kanada unterstützten jüdische Hilfsorganisationen seit Jahrzehnten die Opfer von Diskriminierung, Verfolgung und Pogromen bei dem Bemühen, Europa zu verlassen. Der Umfang und die Greuel der Ereignisse in den Jahren 1939–1945 überstiegen jedoch das Vorstellungsvermögen der meisten Führungskräfte in diesen Organisationen.

Nach der Kapitulation der Achsenmächte, als die Lager und Ghettos sich öffneten, und die Überlebenden heimzukehren versuchten oder in Auffangzentren für »displaced persons« auf eine ungewisse Zukunft warteten, setzten sich nationale und internationale Gremien in Bewegung, um zu retten, was noch zu retten war. Der Canadian Jewish Congress appellierte an die kanadische Regierung, den Waisen aus den Lagern eine neue Zukunft in ihrem Land anzubieten und auch jetzt, wie in 1942, versetzte das Mitleid Berge. Der Regierungsbeschluß, der seinerzeit bestätigt worden war, trat im April 1947 in Kraft: Tausend Kinder unter achtzehn Jahren durften das Land, darin Milch und Honig fließt, betreten, unter der Bedingung, daß die jüdische Gemeinschaft die finanzielle Unterstützung der Kriegswaisen übernahm und daß ihre Betreuung unter der Aufsicht von amtlichen Sozialarbeitern stattfand.

Der CJC ging sofort darauf ein, denn Eile war geboten. Noch

im selben Monat trafen sich Mitglieder aus allen Regionen des Landes bei einem Kongreß in Montreal und besprachen die Schritte, die einzuleiten waren. Unzählige organisatorische Probleme mußten gelöst werden. Wer kümmerte sich um die Kinder? Wer adoptierte wen? Wer bezahlte was? Wie würde die Überfahrt geregelt werden? Wie wurden die Jüngeren ausgesucht? Wie stand es um ihren Hintergrund? Waren sie tatsächlich diejenigen, die sie vorgaben zu sein?

Um Zeit zu sparen, wurde sofort ein Beauftragter des CJC nach Europa geschickt, um die nötigen Plätze bei der Cunard Line zu reservieren und um die Vorbereitungen zu treffen für die erforderlichen Einreisegenehmigungen, die die Kanadische Immigrationsbehörde in London ausstellen sollte.

In Paris zerstob eine Illusion: Die Anzahl der Opfer war klein, viel kleiner, als der eifrige Abgeordnete erwartet hatte. Nicht, weil viele Kinder schon ein neues Zuhause in der Alten oder Neuen Welt gefunden hätten, sondern weil insgesamt nur etwa viertausend jüdische Kinder unter achtzehn Jahren das Morden in Europa überlebt hatten.

Nur hundertfünfzig Waisen wurden dem kanadischen Abgesandten angeboten. Südafrika, Australien und Israel, damals noch Palästina, hatten längst ihre Vertreter ausgeschickt, um Hilfe zu leisten und den jungen Menschen eine Zukunft zu bieten. Viele entschieden sich für Israel, denn dieses Gebiet schien sicher, warm und freundlich, trotz der englischen Blockaden und trotz des Waffengerassels der Araber. Außerdem existierte dort bereits seit 1934 eine gut funktionierende Organisation unter der Leitung von Henrietta Szold, die Kinder aus den Händen der Nationalsozialisten gerettet und liebevoll aufgenommen hatte.

Die Ostblockländer ließen sich nur schwer dazu bewegen, jüdische Kriegswaisen, die nach der Auflösung der Lager in Sanatorien oder Waisenhäusern Aufnahme gefunden hatten, in den »kapitalistischen« Westen ziehen zu lassen. Die *via dolorosa* hatte noch kein Ende. Die Kinder waren jetzt Kriegsgefangene des Kalten Krieges. Für Indoktrination, beschönigend »marxistische Umerziehung« genannt, waren sie nicht empfänglich. In den Jahren der Verfolgung und Gefangenschaft hatten sie gelernt, politische Parolen zu durchschauen.

Erzieher in Ost- und Westeuropa zögerten, ihre Schützlinge den Risiken der Emigration auszusetzen. Konfrontiert mit diesen Problemen, faßte der CJC den Beschluß, nur jene Waisen aufzunehmen, die ausdrücklich zu erkennen gaben, daß sie Kanada als Heimat wählten. Dadurch verringerten sich die Chancen für Kinder im Vor- und Grundschulalter, denn für diese war Kanada ein Wort wie jedes andere, für ältere Kinder dagegen ein Gelobtes Land.

Allmählich schenkten die Flüchtlingsorganisationen den Beauftragten des CJC Vertrauen. Die Anfragen für Visa häuften sich, sogar aus den Ostblockländern. Die bürokratischen Mühlen mahlten fein. Röntgenuntersuchungen, medizinische Gutachten, Leumundszeugnisse und was sonst noch waren Hindernisse, die die Überfahrt vieler Kinder verzögerten oder verhinderten. Trotz alledem waren Anfang 1948 über tausend Kinder zur Ausreise bereit. Obwohl die Quote voll war, zeigte sich die Regierung in Ottawa flexibel: Die Anzahl der elternlosen Kinder, die den Schlagbaum passieren durften, erhöhte sich von tausend auf elfhundertsechzehn.

Amtliche Fürsorger, aber auch Laien auf dem Gebiet der Sozialarbeit suchten eifrig nach Familien, in denen die Kinder sich nach Alter und Herkunft oder entsprechend ihrer Gläubigkeit zu Hause fühlen konnten. Fromme zu Frommen, Liberale zu Liberalen, Agnostiker zu Agnostikern.

Die Abstimmung von Angebot und Nachfrage führte zu Spannungen zwischen Kindern und Pflegeeltern und ebenso zwischen den herrisch auftretenden Laien und den Berufskräften. Den Waisen wurde viel Liebe und Fürsorge zuteil, doch manches Kind traf auch auf Unverständnis. Nach sechs Jahren Krieg, Unterdrückung und Deportation, nach sechs Jahren Bedrohung durch Gas und Totschlag, nach der täglichen Wirklichkeit von Sklavenarbeit und Hunger, von Diebstahl, Raub und Mord waren diese Kinder nicht mehr jung und unbefangen. Elterliche Autorität war ein Begriff aus nebliger Vergangenheit, Liebe und Zärtlichkeit etwas Bedrohlich-Unbekanntes.

Mancher Familie gelang es, die Mauer der Verständnislosigkeit einzureißen. In anderen erwies sie sich aus Granit. Einige Jungen zogen von Stadt zu Stadt, von Pflegefamilie zu Pflegefamilie, von einer Arbeitsstelle zur nächsten. Die Anpassung an die Sprache und an die Gewohnheiten des Gastlandes wollte nur wenigen gelingen und überstieg die Kräfte der meisten. Der Durchbruch zum gesellschaftlichen Erfolg, zur akademischen Spitze oder zum »großen Geld« gelang nur selten. Stolz präsentierte die kanadische Presse Jahre später die wenigen Erfolgreichen als Musterbeispiele für die unbegrenzten Möglichkeiten des Landes. Die Gescheiterten, die Landstreicher, die Selbstmörder waren vergessen. An die große Mittelzone angepaßter Bürger dachte fast niemand mehr. Die Anpassung an die Neue Welt ist ja »normal«, ihr fehlt der Glanz einer funkelnden Starkarriere.

Das Foto verlangt immer noch nach der Erklärung: Was ist »normal« nach dem Inferno?

Durch die gläserne Trennwand der Ankunftshalle sehe ich Menschen, die mit weißen Tafeln an Stöcken auf der Stelle treten oder langsam hin und her gehen. Eine Demonstration gegen die Einreise einer der Fluggäste? Gegen die Geräuschbelästigung des Flugplatzes? Gegen die umstrittene Kandidatur des Gouverneurs von Massachusetts?

Erst als ich mein Gepäck vom Laufband gehoben habe und der schweigenden Menge gegenüberstehe, findet meine Phantasie zu realistischen Proportionen zurück: Es sind Suchende, die ohne lautes Rufen Geliebte oder Freunde, Geschäftspartner oder Angehörige, Bekannte oder Unbekannte mit ihren großen Namensschildern anzulocken versuchen.

In dem Maße, wie Umarmungen und Händedrucke zunehmen, wird der Schilderwald lichter. Als nur noch wenige Tafeln an der Peripherie in die Luft ragen, überfällt mich Unsicherheit. Werden wir uns wiedererkennen? Geniert er sich möglicherweise vor solchem Demonstrationszubehör? Ist er überhaupt gekommen?

Ich gehe langsam durch die Menge der Wartenden und Suchenden. Misha steht vor der Schranke. Sein Gesicht ist ernst. Ein schmales, blasses, bebrilltes Gelehrtengesicht. Das Haar ist so grau wie der sorgfältig gestutzte Schnurrbart. Vor der Brust hält er ein Stück Karton, auf dem mein Nachname in Druckbuchstaben steht.

Wir begrüßen einander linkisch, fast verlegen, ohne einen Funken des Wiedererkennens. Im Auto überschütte ich ihn mit meinen Reiseanekdoten. Er fährt ins Zentrum von Boston, parkt dort und zeigt, plötzlich lebendig und begeistert, auf einen faszinierenden Neubau, auf eine prächtige Parkanlage mit einem Teich und auf die Kathedrale der Quäker. Als er bemerkt, daß ich trotz der Reisemüdigkeit mehr als nur wohlwollendes Interesse für seine Führung aufbringe, blüht er auf und erzählt von seiner Arbeit als Architekt und Planer moderner Bauwerke in »seinem« Boston. Das Thema meiner Reise bleibt vorerst unerwähnt.

Auf der Fahrt zu seinem Haus in Brookline, Bostons komfortabler Schlafstadt, ist er gesprächig. Über Ilanas harte, aber befriedigende Arbeit als Kinderärztin am Harvard Medical Center, über die flott vorangehenden Studien seiner Töchter an »Ivy League«-Universitäten und über ihre Zukunftspläne, über den Urlaub in seinem Geburtsland. Kein Wort über die Vergangenheit, kein Ton über den Krieg, keine Anspielung auf die Shoah.

Sein Haus an der Kreuzung zweier Straßen, auf einer Anhöhe gelegen wie ein Aussichtsposten, ein bißchen altmodisch und ohne sichtbaren Luxus, ist ein Widerspruch zu seiner Vorliebe für zeitgenössische Baukunst. Über den steilen Gartenpfad, an Obstbäumen und Tomatenpflanzen vorbei, gelangen wir in den Wintergarten, in dem ein für den Lunch gedeckter Tisch steht. »Wir können auch draußen essen, wenn dir das lieber ist«, sagt er. Ich habe den Eindruck, daß es sich um ein rhetorisches Angebot handelt, denn der Garten ist vernachlässigt und wird offensichtlich nur selten als Picknickplatz gebraucht.

Ilana kommt heraus. Klein, grau und drahtig. Ohne Schmuck, ohne Schminke. Sie sieht mich forschend, aber freundlich an und begrüßt mich mit einem Händedruck. Bei Tisch plaudert sie über meinen Flug von New York nach Boston, über die schöne Küstenlinie, die Ferien in Cape Cod, meine Kinder, ihre Kinder, mein Haus, ihr Haus, meine Stadt, ihre Stadt.

Als die jüngste Tochter hereinkommt, stellt Misha mich vor, als wäre ich ein befreundeter Geschäftsmann aus der Alten Welt. Sie sitzt mir gegenüber. Ein liebes, rundliches *college*-Mädchen mit lockigem Haar und verlegen gesenktem Blick.

Das gesprächige Verschweigen unserer Konversation geht mir auf die Nerven. Die Zurückhaltung, mit der ich das Ziel meiner Reise ausklammere, kann und will ich nicht mehr lange durchhalten. Ich schaue das Mädchen an und sage mit vollem Mund, wie um den Schock zu dämpfen: »Ich bin zusammen mit deinem Vater im Lager gewesen.« Dana erschrickt. Sie flüstert in die hörbare Stille, sie hätte so etwas geahnt.

Der Bann ist gebrochen. Misha erklärt ihr, ich sei gekommen, um ihm Fragen über diese Zeit zu stellen, doch sie richtet den Blick auf mich und will wissen, woran ich mich erinnern kann, worüber ich schreiben wolle und warum erst jetzt, nach so vielen Jahren.

Die Besorgtheit steht Ilana deutlich im Gesicht geschrieben. Obwohl immer noch blaß, hat Misha die Maske der Beherrschung abgelegt. Manchmal nickt er zustimmend, als fiele ihm plötzlich etwas ein.

Die Geschichte über mein »Leben-davor« und mein »Leben-während« ist bald erzählt. Wenngleich die Herkunftsländer der Männer aus unserer Gruppe der Überlebenden sich unterscheiden, und ganz gewiß die Städte oder Dörfer, aus denen sie vertrieben wurden, verlaufen Verfolgung und Kriegsgewalt, Deportation und Lagerverhältnisse, Befreiung und die Heimkehr ohne Zuhause nach fast identischem Muster. Das »Leben-nach-1945«, Anpassung oder Unangepaßtheit, Erfolg oder Scheitern, Verdrängungen oder Hilferufe, Ergebenheit oder Aufbegehren zeigen jedoch ein breites Spektrum der Unterschiede.

Ich spreche von den noch nicht weit zurückliegenden Jahren, als ich begann, der Vergangenheit bewußt zu begegnen, als ich mich auf die Suche machte nach Schicksalsgefährten, um zu hören, wie es ihnen gelungen war, die Katastrophe zu überleben und das Leben weiterzuleben.

Dana hört zu, wie um kein Wort zu versäumen. Sie errötet leicht, ihre Augen füllen sich mit Tränen.

Ich reihe Satz an Satz. Meine Ohren fangen den eigenen Wortschwall auf. Der Strom kommt stockend zum Stehen wie ein abgebremster Zug. Ich habe mich in meiner Geschichte verloren. In dieser geordneten Umgebung, wo alles so normal zu verlaufen scheint, kommt mir mein Bericht wie Routine vor, schlimmer noch, er kommt mir absurd vor. Ich versuche auf ein neutrales Thema auszuweichen, scheitere hoffnungslos und verstumme schließlich.

In der verlegenen Stille steht das Mädchen vom Tisch auf und macht sich reisefertig zum Aufbruch in ihre Studentenstadt. Sie küßt die Eltern, kommt auf mich zu, umarmt mich schüchtern und stammelt: »Jetzt verstehe ich besser, warum mein Vater nie etwas erzählt hat. Ich hoffe, daß deine Suche Erfolg hat.«

Nachmittags ist es totenstill im Haus. Draußen brummt hin und wieder ein Auto und bremst vor der Kreuzung. Misha sitzt mir gegenüber. Die vorzeitig eingeschaltete Eßzimmerlampe beleuchtet den kleinen Stapel alter, vergilbter Schulhefte, die er vor sich aufgeschichtet hat. Vor mir liegen Folioblätter voller Fragen in Schreibmaschinenschrift, neben mir summt das kleine Aufnahmegerät. Ich komme mir vor wie ein unerwünschter Examinator, eine Rolle, die mir nicht liegt und die ich gerade auf dieser Reise gern vermieden hätte.

Auf die ersten Fragen nach Mishas Herkunft erhalte ich detaillierte und genaue Antworten. Er spricht mit flacher Stimme, als sei jedwedes Gefühl tabu. Wenn ich nicht schon wüßte, daß fast keiner seiner nächsten Verwandten der Vernichtung entkommen ist, käme mir die Geschichte über seine Kindheit in der Tschechoslowakei ganz gewöhnlich, ja alltäglich vor. Sein Vater, ein beliebter Hausarzt in dem Industriestädtchen Náchod, ohne ausgesprochenes politisches Interesse, aber mit großer Sympathie für die Zukurzgekommenen, glaubte sich nicht mehr gebunden an religiöse Vorschriften. Die Mutter war gläubiger, aber Misha durfte trotzdem eine neutrale Grundschule besuchen. Bis zum Einfall der deutschen Truppen spielte seine jüdische Abstammung weder für ihn selbst noch für seine Umgebung eine nennenswerte Rolle. Er sieht mich lächelnd an und sagt mit fast denselben Worten wie Harry G. in Edison: »Hitler hat mich zum Juden gemacht, als seine Truppen am 15. März 1939 die Grenze überschritten.« Ich verstehe ihn, allein die genaue Zeitangabe überrascht mich. Er fährt fort: »Am frühen Morgen standen frierende Soldaten auf dem Marktplatz nahe dem Fenster meiner Tante. Sie gab ihnen heiße Suppe, ohne sich gleich darüber klar zu sein, daß es deutsche Truppen waren. Als sie begriff, nahm sie eine Überdosis Schlaftabletten. Sie war das erste Todesopfer in unserer Stadt.«

Von da an wurde den Juden fast täglich ein Stück Freiheit abgeschnitten, und anderthalb Jahre nach dem Einfall wurde die Familie mit vielen anderen, zwangsweise eingezogenen Verwandten aus dem Haus des Arztes hinausgeworfen und in ein baufälliges Haus ohne fließendes Wasser in der Židowská Ulice, der Judenstraße, einquartiert.

Ein Jahr darauf standen Hunderte von Ghettobewohnern mit Rucksäcken und übervollen Koffern im Schnee und warteten auf den Zug, der sie in das unbekannte, unheilverheißende Lager Theresienstadt bringen sollte. Ein deutscher Wachmann und eine Handvoll Gendarmen genügten zur Bewachung. Fliehen war sinnlos, vielleicht war man dort sogar sicherer?

Mishas Erzählung gerät ins Stocken. Er starrt in die Luft und versucht, seinem Gedächtnis die Tatsachen abzuringen. Er sieht mich hilflos an und bekennt, daß die Erinnerung an die Lagerzeit aus seinem Hirn weggewischt ist.

Die alten Schulhefte vor ihm auf dem Tisch enthalten offensichtlich den Bericht, den er kurz nach der Befreiung auf Anraten der Ärzte im Erholungsheim im Tatra-Gebirge niedergeschrieben hat. Bei jeder Frage über die Zeitspanne vom 12. Dezember 1942 bis zum 7. Mai 1945 gesteht er verlegen, er könne sich an nichts erinnern und blättert nervös in den von Kinderhand vollgeschriebenen Seiten. Er zeigt mir die Hefte, und obwohl ich den tschechischen Text nicht lesen kann, erkenne ich viele Szenen aus jener Zeit in den einfachen, aber aufschlußreichen Federzeichnungen: Baracken, Bewacher und Kapos; Gefangene beim Appell, unter Stockschlägen, am Galgen; SS-Leute mit Peitschen und Gewehren; ein Krematorium, Stacheldraht mit Isolatoren, eine Selektion, das Tor von Mauthausen.

Meine Fragen nach der Vergangenheit versiegen. Warum sollte ich den sanften Mantel des Vergessens zerreißen? In jenem Sanatorium, im Frühjahr 1945, hat er sich von der giftigen Last befreit. Fast beneide ich ihn.

Die Sekretärin von Elie Wiesel bittet uns zu warten. Vor seiner Tür stehen junge Chassidim in eifrigem Gespräch. Die Aufforderung, etwas weniger laut zu sein, hat nur ganz kurz Erfolg.

Wiesels Einladung an die Boston University hatte mich im letzten Moment erreicht. In Auschwitz war ich ihm nie begegnet, aber als Alters- und Schicksalsgenossen empfanden wir eine Verbundenheit, die nach einer persönlichen Begegnung verlangte. Da ich nun schon in Boston war, bat ich Misha, der Wiesels Werk ebenfalls bewundert, die Ehre des Besuches mit mir zu teilen.

Wir sitzen dem Mann gegenüber, der in seinem ersten Buch *La Nuit* alles über die Shoah auszudrücken wußte, was in unseren Herzen, den Herzen seiner Schicksalsgefährten, schrie. Die Befangenheit, die mich beim Eintreten nach Worten suchen ließ, schmilzt unter seinem freundlichen, traurigen Blick dahin. Für meine Suche und meine Pläne zeigt er intensives Interesse.

Eindringlich fordert Wiesel mich auf zu schreiben, zu beschreiben, wie wir leben, wie wir *damit* leben. Es ist dieselbe Frage, die sich auch durch sein eigenes Werk und sein eigenes Leben zieht. Erregt zitiert er den Historiker Emanuel Ringelblum, der bis zu seinem Tod im Aufstand des Warschauer Ghettos ein Tagebuch führte, in dem er seine Beobachtungen genau festhielt. Wiesel beruft sich auf Simon Dubnow und dessen feurigen Aufruf, die Vergangenheit in Erzählungen und Berichten festzuhalten, und macht dadurch die Last und die Qualen meiner Suche erträglicher.

Als Freunde nehmen wir Abschied. Meine Sehnsucht nach Vergessen ist verschwunden. Am nächsten Tag sitze ich wieder mit meiner Fragenliste vor Misha. Wir machen weiter.

Misha liest über die letzten Tage, als das Kanonenfeuer der amerikanischen Panzerdivision schon zu hören war, und er mit anderen »Jungen« im Zeltlager Gunskirchen bei Mauthausen lag, wo sie kraftlos und erschöpft auf Tod oder Befreiung warteten. Über die Befreiung steht nur wenig in seinen Heften, denn Krankheit und Bewußtlosigkeit hinderten ihn, sie wahrzunehmen.

Im amerikanischen Luftwaffenhospital bei Hörsching traf er ein paar Freunde, deren dünner Lebensfaden ebenfalls gerade noch hielt. Misha erzählt vom Wiedersehen eines Zimmerkameraden mit dessen Vater, einem Arzt, der sich auf der Suche nach dem Sohn den Alliierten angeschlossen hatte. Wir sehen uns an und können die Tränen kaum zurückhalten. Derselbe Gedanke geht uns durch den Kopf: »Warum nicht auch wir?« Mishas Heimkehr in die Tschechoslowakei ist fast identisch mit der aller anderen Rückkehrer. Keine Eltern, kaum Familie, da und dort ein Bekannter oder ein entfernter Onkel. Eine Pflegefamilie gibt ihm Wärme und Geborgenheit: ein Gottesgeschenk.

Im Februar 1948 verbreitete sich Angst und Unsicherheit in den Wohnungen der heimgekehrten Juden. Der stalinistische Terror warf seinen Schatten voraus. Die Reden von Gottwald und seiner Bande verhießen wenig Gutes für die Kinder, die ihre ersten Jahre in der Geborgenheit einer bürgerlichen Familie verlebt hatten. Obwohl sie danach viele Jahre in den Konzentrationslagern verbracht hatten und aus kaum einer Familie jemand übriggeblieben war, ließen sie die roten Machthaber im »Schloß« bestenfalls unbeachtet.

Misha lernte hart, sehr hart, um die verlorene Zeit aufzuholen und das Erlebte zu vergessen oder zu verdrängen, doch ohne Parteibuch war an eine aussichtsreiche Zukunft nicht zu denken. Als sich ihm die Gelegenheit bot, über den Joint und den CJC nach Kanada zu emigrieren, griff er nur zögernd zu, denn gute Pflegeeltern sind rar.

Die Aufzeichnungen, die mein Freund jetzt zu Rate zieht, stehen in Heften mit anderem Format. Lächelnd bemerkt er, die Qualität des Papiers sei anno 1948 in Kanada besser gewesen als in Europa. Noch immer benutzt er das geschriebene Wort als Gedächtnisstütze, aber seine Erzählung fließt leichter.

»Auf der Aquitania traf ich ein paar Freunde aus dem Lager. Unsere Beziehungen hatten sich gelockert. Oder hatten wir Angst, uns zu erinnern? In Halifax tranken wir zum ersten Mal im Leben Coca-Cola und vergafften uns in die großen, glänzenden Autos, die wir bis dahin nur aus Filmen gekannt hatten. Unsere Wege trennten sich. Ich kam nach Montreal zu einer engstirnigen, orthodoxen Familie aus Rumänien. Wir verstanden uns nicht. Niemand verstand uns. Wir uns selbst wohl am allerwenigsten.«

Nachdenklich schaut er mit gerunzelter Stirn vor sich hin. Die Aufzeichnungen läßt er unbenutzt. Die Nachkriegsjahre sind nicht mehr von dichtem Nebel verhüllt.

»In Montreal betäubte ich mich weiterhin mit Studien. Innerhalb kurzer Zeit legte ich alle *highschool*-Examen ab und durfte als einziger unserer Gruppe weiterstudieren: Architektur an der McGill University. Ein Vetter, der seit 1940 in New Jersey wohnte, hatte mir gleich nach meiner Ankunft in Kanada geraten, in die Vereinigten Staaten zu kommen, doch die Quote war damals voll. 1951 erhielt ich die Papiere und zog bei ihm und seiner Familie ein.

Sie behandelten mich gut, aber ich war nicht glücklich. Ich lebte wie unter einer Glasglocke. Die Welt um mich herum kam mir unwirklich vor. Trotz meiner Niedergeschlagenheit beendete ich die Studien an der Columbia Universität. Plötzlich konnte ich den Verlust meiner Familie nicht mehr ertragen. Ich hatte einen Nervenzusammenbruch und dabei verschwand ein Stück des Lagerlebens aus meiner Erinnerung. ›Partielle Amnesie‹ sagte der Arzt. Ohne meine Hefte hätten sich diese Jahre im Nichts aufgelöst.

Zwei Jahre lang arbeitete ich in einem Architektenbüro und sparte für eine Europareise. Neugier, Heimweh, die Suche nach der Vergangenheit, vielleicht nach meinen Eltern, nach meiner Familie?

Sechs Monate wollte ich drüben bleiben. Es wurden sechs Jahre daraus. In London arbeitete ich zwei, in Genf vier Jahre. Überall fand ich Arbeit in meinem Beruf. Meine Frau lernte ich in der Schweiz kennen, wo sie Medizin studierte. Sie ist in Israel geboren, dort haben wir 1963 geheiratet. Unsere Hochzeitsreise ging nach Prag und Náchod. Ich wollte die alte Welt wiederfinden und bin später, trotz des verhaßten Regimes, noch ein paarmal hingefahren.« Staunend folge ich Mishas präzisem, chronologischem Bericht. Seine Stimme hat sich verändert, klingt heller, sicherer.

»Zusammen mit Ilana faßte ich den Mut, nach Amerika zurückzugehen. In New York bildete sie sich zur Spezialistin aus. Obwohl wir beide eine gute Stellung hatten, war die hektische und unruhige Stadt unserer Ansicht nach nicht der richtige Ort, um Kinder aufzuziehen. Seit zwanzig Jahren wohnen wir hier. In einem alten Haus, in dem alten Viertel einer alten Stadt, wo ein Hauch von Europa in der Luft hängt und wo es alte, solide Schulen für unsere Kinder gibt.« Stolz, aber ohne Eitelkeit zählt er nochmals die guten Leistungen seiner Töchter auf.

Unser Gespräch ist vorerst zu Ende. Misha räumt die Papiere zusammen und deckt den Tisch. Ilana kommt nach Hause und kocht. Sie ist müde und spricht nicht viel. Ich habe das Gefühl, auch sie möchte die Vergangenheit lieber ruhen lassen. Während der Mahlzeit geht es normal zu. Das Gespräch plätschert dahin, als wäre ich ein zufällig hereingeschneiter Freund. Als mein Suppenteller noch nicht ganz leer ist, springt Misha auf, sammelt die Teller ein und bringt sie zum Geschirrspüler in der Küche. Dasselbe geschieht nach jedem Gang, während wir am letzten Bissen kauen. Beim Dessert protestiere ich scherzhaft, doch Misha setzt das Ritual fort. Als er unmittelbar nach dem Essen in der Küche verschwindet, schüttelt Ilana lächelnd den Kopf und sagt leise, mit gutmütigem Spott, jeder habe wohl das Recht auf seinen eigenen Tick.

Am nächsten Morgen sitzen wir einander wieder gegenüber. Noch bevor ich etwas sagen kann, vertraut er mir an, daß er in dieser Nacht von Bildern und Gedanken bestürmt worden war: von seinen Kameraden im Hospital, von der »Heimkehr« und von der Leere, die seine umgekommenen Angehörigen in seinem Leben hinterlassen haben. »Obwohl jene Zeit nur nebelhaft in meinem Gedächtnis ist, bin ich mir ihrer ständig bewußt. Je älter ich werde, desto häufiger denke ich daran. Einige der ›Jungen‹ sehe ich deutlich vor mir. Ob unsere gemeinsame Überfahrt nach Kanada der Grund dafür ist oder unsere Freundschaft nach der Befreiung, weiß ich nicht. Mit Honza S., der jetzt in São Paulo wohnt, habe ich mich erst während der Rekonvaleszenz in Hörsching angefreundet. Später erhielt er dort den Beinamen Gorilla, weil er noch im Krankenhaus total verrückt wurde und alles in seiner Reichweite kurz und klein schlug. In einer Zwangsjacke führte man ihn ab.

Die Integration in die ›normale‹ Gesellschaft ist mir nie ganz gelungen. Mit den Menschen, mit denen ich im alltäglichen Leben umgehe, kann ich über meine Erlebnisse nicht sprechen. Sie sind und bleiben im wesentlichen streng persönlich und für andere unzugänglich. Bis heute konnte ich sie nicht einmal mit jenen Menschen teilen, die Ähnliches erlebt haben. Und doch sehe ich unserem Treffen in Israel mit Spannung und Sehnsucht entgegen.«

Am Fenster des Greyhound-Busses gleiten Idyllen von Grandma Moses vorbei. Die Ahornblätter röten sich. Die Holzhäuser in rosa, grünen, blauen Farben, die kleinen weißen Kirchen, die bunte Kleidung radelnder Schulkinder sind reines Glück. Weiter ostwärts auf der achtspurigen Straße in Richtung Buffalo schaukelt der Bus durch die scheinbar endlosen Jagdgründe ausgestorbener Indianerstämme. Ortstafeln erinnern an die Antike: Troy, Ithaca, Syracuse, und an Orte, wo einst Büffel grasten. Die wehmütige Landschaft im gefilterten Licht der untergehenden Sonne, das Summen des Motors, das schmusende Liebespaar zwei Reihen vor mir wecken Erinnerungen an längst verflogene Melodien. Musikfetzen und Worte aus einem Song von Simon and Garfunkel schwirren mir durch den Kopf und ich summe »I've come to see America«.

Am Horizont, vor dem lila Abendhimmel taucht eine Reihe von Silhouetten auf, die an dumpfschwarze, mit Lichtpünktchen gesprenkelte Bücher erinnern. Die Konturen der Stadt Buffalo werden schärfer und deutlicher. Die Wolkenkratzer zeigen jetzt regelmäßige Muster erleuchteter Fenster.

In der Greyhound-Station lümmeln junge Leute mit leeren Gesichtern in roten Plastiksesseln, kauen Bubblegum, trinken Coca-Cola aus Büchsen und schauen gelangweilt auf den kleinen Fernsehschirm an der Stuhllehne. Nachlässig gekleidete Paare versuchen ihre überernährten Kinder vom Imbißautomaten wegzulocken. Vor den Drehtüren zur Haltestelle wartet eine Reihe ungeduldiger Passagiere auf einen verspäteten Busfahrer. Ich wähle die Nummer von Jindra S. Aus dem Hörer des Münztelefons schmettert die Stimme Benitas ein herzliches Willkommen. Jindra ist schon unterwegs, binnen fünf Minuten ist er *downtown*, sagt sie.

Ein kleiner, athletisch gebauter Mann in kariertem Holzfällerhemd kommt mit ausgestreckten Armen und breit lächelndem Gesicht auf mich zu. Schon von fern ruft er meinen Vornamen, als würden wir uns regelmäßig treffen und sprechen. Sein gaumiges

Amerikanisch mit mitteleuropäischem Akzent kenne ich von unseren interkontinentalen Ferngesprächen.

Wir fahren durch das verlassene Zentrum von Buffalo. Die Absurdität des Namens fällt mir auf. Von Prärieromantik ist hier keine Spur. Graue Betonklötze, aus denen nach Geschäftsschluß das Leben gewichen ist, an ausgestorbenen Plätzen und leeren Straßen. Ein Streifenwagen der Polizei fährt im Schrittempo durch das Halbdunkel der Innenstadt. Jindra erklärt, nach Einbruch der Dunkelheit sei das Geschäftsviertel unsicher. Dr. Jekyll bei Tag, Mr. Hyde bei Nacht.

Das Wohnviertel ähnelt einem Schachbrett. In den Feldern stehen adrette, fast gleichförmige Bungalows auf sorgfältig gepflegten Rasenflächen. Metallbriefkästen auf Holzpfählen stehen wie zwergenhafte Wachtposten an jedem Gartenweg. Die Straßen kreuzen sich senkrecht. Buchten oder Abhänge gibt es hier nicht. Nur die Umrisse der Autos sind verschieden; ihre Farben sind im schwachen Schein der Straßenbeleuchtung nicht erkennbar.

Als Jindra mit seinem »Chevvy« in die Garagenzufahrt einbiegt, tritt seine Frau aus der Haustür, um mich zu begrüßen. Bald stehen sie nebeneinander im Schein der Außenleuchte: beide klein, mit Brille, übers ganze Gesicht lachend und ganz und gar amerikanisch.

Das Wohn-Eßzimmer gleich hinter der offenen Gartentür mit einem Fliegengitter ist nicht groß. Auf dem Elektroherd in der angebauten Küche dampft Hühnersuppe. Jindras Schwiegermutter schneidet Gemüse. Sie reicht mir den Ellenbogen und heißt mich mit »Schalom« willkommen.

Ins Gästezimmer, wo ich mein Nachtzeug auspacke und mich nach der langen Busreise frisch mache, dringen laut diskutierende Stimmen. Als ich ins Wohnzimmer trete, ergreift Jindra das Wort und sagt mit einer verlegenen Geste, morgen sei *football*-Sonntag, den die Familie nie versäume. Ob ich zu Hause bleiben möchte oder zum Match der »Bills« gegen Ohio mitkomme? Er schildert den Wettkampf als wichtiges Ereignis, und um nicht unhöflich zu sein, verspreche ich, bei der Partie mitzumachen. Meine Verwunderung tarne ich mit Interesse, obwohl mir diese Sportart überhaupt nicht liegt.

Nach dem Essen sucht Jindra nach Mappen und Fotoalben. Benita spült das Geschirr und gibt ihm mit lauter Stimme Anweisungen. Nachdem sie sich über den Proviant für das Sportereignis geeinigt haben, zieht die Mutter sich zurück.

Ich lege eine neue Kassette in den Apparat, aber mein Gastgeber unterbricht mich: »Ich weiß so gut wie nichts mehr über die Jahre im Lager, du kannst dir die Mühe sparen.«

Ärger und Unsicherheit steigen in mir auf. Habe ich diese Reise umsonst gemacht? Muß ich mir den ganzen Abend Geschwätz anhören und Familienfotos angucken? Ich schicke mich ins Unvermeidliche, lasse aber das Band für alle Fälle laufen.

Beide sitzen mir gegenüber, fest entschlossen, mich an Jindras Leben teilhaben zu lassen, obwohl es eine Lücke von mehreren Jahren darin gibt. Wie vor einem Beamten des Standesamtes zählt er ohne Einleitung die Daten seiner Familie in der Tschechoslowakei vor dem Krieg auf: Vater Rechtsanwalt, Mutter Hausfrau, sein Geburtsjahr 1931, ein um vier Jahre älterer Bruder, Geburtsort Teplice-Schönau, letzter Wohnort Prag, ein Onkel in England, Tod des Vaters kurz vor dem deutschen Einfall. Alles genau und ohne zu stocken.

Das Stammeln beginnt bei den Razzien in Prag. Vage erinnert er sich an den Augenblick, als er und seine Mutter auf den Zug nach Theresienstadt warteten und wegen »Überfüllung« wieder nach Hause geschickt wurden. Nur war dieses »Zuhause« zum größten Teil schon geplündert. Zwei Wochen später traf die vaterlose Familie im Ghetto ein. Jindras Bilder sind verschwommen, seine Zeitangaben ungenau. Nicht einmal das Datum fällt ihm ein, an dem sie ins Familienlager Birkenau abgeschoben wurden. Ich frage nach seiner Nummer. Er krempelt den linken Ärmel hoch. A-1843 hieß er. Die Drei war zuerst eine Zwei. Ein Versehen des Tätowierers. Seine Miene erhellt sich: »Mein Bruder war A-1844, wir standen nebeneinander.« An seiner Nummer erkenne ich, daß wir mit demselben Transport im Mai 1944 gefahren sind, aber auch das ist aus seinem Gedächtnis gelöscht.

Mit zielgerichteten Fragen komme ich nicht weiter. Aus den Wintermonaten von 1944 bis kurz vor der Befreiung im April 1945 sind nur zwei Worte bei ihm hängengeblieben: Dora und Nordhausen. Mit unsicherer Aussprache nennt er sie. Blitzartig verstehe ich seine Amnesie und schweige erschrocken. Dora war eine Hölle, die nur wenige überlebt haben. Unterirdisch, ohne frische Luft und Tageslicht, wurde dort von den Gefangenen Hitlers geheime Vernichtungswaffe, die V 2-Rakete, gebaut. Außer den Kapos und Bewachern kamen nur Sterbende und Tote wieder an die Oberfläche.

Ich habe die Fassung verloren und schütze Müdigkeit vor, doch Jindra spricht munter weiter und bemerkt gar nicht, welche Verheerung die beiden Namen bei mir angerichtet haben. Wie er von dort nach Bergen-Belsen gelangt ist, weiß er noch heute nicht. Seine Mutter, die als Dolmetscherin unter den Tschechinnen im Frauenlager ihr Dasein fristete, machte ihn dort ausfindig, schickte ihm Briefe auf Packpapierfetzen und sparte sich die karge Ration vom Munde ab. Sobald die englischen Truppen das Lager befreit hatten und Jindra wieder laufen konnte, machte er sich auf die Suche nach ihr. Im Hospital lag sie aufgebahrt. Gestorben an Typhus, nach drei Tagen Freiheit.

Jindra öffnet eine Urkundenmappe und nimmt vorsichtig einen Plastikumschlag heraus. Drei zerknitterte Stückchen braunes Packpapier, dicht mit kleinen Buchstaben in Bleistiftschrift beschrieben, liegen nebeneinander. Er reicht sie mir auf der Handfläche hin: unersetzbare Reliquien. Eine Weile ist er still.

Dann beginnt er laut und aufgeregt über das Waisenhaus in Prag zu erzählen, über seine mangelhafte Schulbildung, über den Onkel, der aus England herüberkam und das Geschäft seines Vaters zurückforderte und über seinen, Jindras, Widerstand gegen dessen Vormundschaft. Begeistert nahm er die Möglichkeit wahr, nach Kanada auszuwandern, aber es dauerte noch bis zum August 1948, bevor sein Schiff, die Aquitania, in See stach.

In Halifax wartet ein Brief auf ihn. Seine Freunde Robin und Martin H., die einen Monat früher an Land gegangen waren, fordern ihn auf, nach Toronto zu kommen. Zusammen mit einem Kameraden, Long John, den er auf der Reise kennengelernt hat, trifft er dort ein. Der Freund findet bald eine gute Pflegefamilie, doch Jindras Familie ist kühl und abweisend. Er fühlt sich einsam und ausgeschlossen. Er klagt sein Leid Long John, der für alles einen Rat weiß und ein falsches Alter angegeben hat, um als Kriegswaise auf die »Kanadaliste« zu kommen.

»Er kannte eine Familie in seiner Straße, die mich gern als zahlenden Gast aufnehmen wollte. Es war wie der große Preis einer Lotterie. Die Leute waren sehr nett zu mir. Ich hatte damals verschiedene Jobs, und wenn ich abends nach Hause kam, hörten sie mir mit großem Interesse zu. An einem Sonntag, ein paar Wochen, nachdem ich bei ihnen eingezogen war, gab es eine Geburtstagsfeier mit einer ganzen Menge Gäste. Die Tochter des Hauses stellte mich den Verwandten und Freunden vor. Nicht als Hausgenosse oder zahlender Gast, nein: als Bruder! Ja wirklich, als Bruder! Ich war überwältigt. Ich weinte und lachte zugleich. Seit dem Augenblick war ich der Pflegesohn des Hauses oder vielmehr der Sohn. Und das ist bis zum heutigen Tag so geblieben.«

Benita brennt darauf, die Geschichte zu ergänzen und fährt fort: »Wir haben unsere Hochzeit in Jindras Haus gefeiert. Seine neuen Eltern waren unsere Trauzeugen. Unsere Kinder sind ihre Enkelkinder.« Und wie in einem Duett fällt Jindra ein: »Sie gaben mir Sicherheit. Ich fühlte mich nicht mehr als ›Überlebender aus einem Lager‹. Der Kontakt mit den ›Jungen‹ brach allmählich ab. Ihre Probleme, ihre Gedanken wurden mir fremd. Manchmal kann ich mir nur mit Mühe vorstellen, daß *ich* es bin, der das alles überlebt hat.«

Jindra starrt vor sich hin, als schaute er in seine Vergangenheit: »Der Rabbiner, der unsere Ehe einsegnete, war Militärrabbiner bei den englischen Truppen, die Bergen-Belsen befreit hatten. Wir haben ihn angefleht, die Vergangenheit nicht zu erwähnen. Es hätte uns das Fest verdorben.

›Survivors‹ sind für mich die Älteren, die Siebzigjährigen, die ihre Familie verloren haben. Sie sind mir fremd und trotzdem verwandt. Unter dem Begriff ›Überlebensschuld‹ kann ich mir nichts vorstellen. Ich fühle keine Schuld. Ich war damals noch nicht vierzehn.«

Benita unterbricht seinen Monolog. Mehr zu ihm als zu mir sagt sie überlaut, mit einem leichten Lachen: »Den Kindern hast du freilich nichts davon erzählt. Nur manchmal im Scherz. Wie damals, als sie mit der Klasse ins Zeltlager fuhren: ›*Wir* brauchten nicht in Zelten zu schlafen und unser Essen selbst zu kochen‹, sagtest du zu ihnen. Erst viel später wollten die Kinder ernsthaft mehr darüber wissen. Sie getrauten sich nicht zu fragen, sondern verschlangen Bücher über den Krieg und die Zeit der Verfolgungen.«

Ein Zwiegespräch entsteht. Jindra verteidigt sich: »In den vergangenen Jahren hat sich viel verändert. Ich diskutiere mit ihnen. Ich habe sehr viel über die Lager gelesen. Ich verfolge die Zeitungsartikel über dieses Thema und die Berichte des Holocaust Center und ärgere mich, daß die Lagerkinder fast niemals erwähnt werden.« Er zeigt auf eine Bücherreihe hinter sich, um seine Worte zu bekräftigen. Ich brauche nicht hinzusehen und nicke nur; als ich hereinkam, waren mir die Buchrücken mit den vertrauten Titeln sofort aufgefallen. »Der Holocaust beschäftigt mich zur Zeit nicht mehr so sehr. Ich bin glücklich hier in Amerika. In Abendkursen habe ich an der Universität einen akademischen Grad erworben. Mein Englisch ist gut. Mein Beruf als Computerfachmann macht mir Freude. Die Menschen, mit denen ich zusammenarbeite, sind nett. Meine Kinder sind zufrieden. Ich bin Optimist oder versuche zumindest einer zu sein. I count my blessings.«

Kaum merklich schüttelt Benita den Kopf und fragt, leiser als je zuvor an diesem Abend: »Bist du vielleicht gleichgültiger geworden? Als mein Vater starb, hatte es den Anschein, als ginge sein Tod dir nicht sehr nahe. Nach der vorgeschriebenen Trauerwoche sagtest du zu meiner Mutter, sie solle versuchen, möglichst rasch wieder zu arbeiten.«

Als Zeuge dieser Zurechtweisung fühle ich mich unbehaglich, aber Jindras Antwort schockiert mich so tief, daß mein Gefühl sofort verfliegt. Mit Schrecken erkenne ich in seinen Worten meine eigenen Reaktionen auf den Tod.

»Um meine eigenen Eltern habe ich niemals richtig trauern können. Nicht, daß ich sie vergessen hätte oder nicht an sie dächte, aber es hat so viele Tausende von Toten um uns herum gegeben, daß der Tod für uns eine andere Gestalt angenommen hat. Wir haben uns an ihn gewöhnt. Er war immer bei uns, und überdies: Wer hatte schon Zeit oder Gelegenheit zu trauern?« Jindra versinkt in Schweigen. Wir sind erschöpft und lassen die Vergangenheit ruhen.

Sonntagmorgen. Laute Stimmen und das Klappern von Tellern und Bestecks in der Küche. Eine unruhige Nacht liegt hinter mir. Am Frühstückstisch sitzt auch Benitas Mutter, die schon in aller Frühe mit ihrer Tochter Dutzende von Truthahnsandwiches und Thermoskannen mit Kaffee vorbereitet hat. Jindra trägt ein wildkariertes Holzfällerhemd und setzt mit breitem Lachen eine *foot-*

ball-Mütze auf, auf der das Logo der »Bills« aufgestickt ist. Es herrscht die Euphorie der Frühaufsteher am Himmelfahrtstag, die mich aber nicht mitreißt.

Auf dem Weg zum Treffpunkt der Schlachtenbummler, von dem aus wir mit einem gemieteten Bus zum Stadion fahren werden, erzählt mein Gastgeber vom Club der *football*-Fans, der jeden Sonntag von einem fanatischen jüdischen Augenarzt und dessen Frau angeführt wird. Der Club besteht aus Juristen, Ärzten, Managern und Geschäftsleuten mit ihren Ehefrauen oder Freundinnen, die ebenso begeistert die Spiele verfolgen wie Jindra und seine Frau. Er freut sich wie ein Kind, daß er dazu gehört. Jede Spur von Melancholie ist verschwunden.

Neben einem altmodischen Schulbus stehen Dutzende von fröhlichen Leuten mit vollen Proviantttaschen. Sie schreien laut durcheinander und jubeln jedesmal, wenn ein Auto mit neuen »Nachschubtruppen« eintrifft. Fast auf allen Köpfen die rote Mütze mit der Aufschrift »Bills«. Der Augenarzt hat auch eine für mich parat. Mein Clownsgesicht spiegelt sich in den Scheiben des Busses, was meine Stimmung nicht hebt. Alle lärmen während der Fahrt und stellen lauthals Prognosen über das bevorstehende Ereignis.

Auf dem Parkplatz stehen Hunderte von Bussen. Berittene Polizisten mit Helm geben strenge Anweisungen, die willig befolgt werden. Zehntausende strömen langsam zum Eingang des kolossalen Stadions.

Eine achtzigtausendköpfige Menschenflut verbreitet sich über die Aluminiumbänke des Stadions. Ohne absichtlich laut zu sein, erzeugt sie das Geräusch eines großen Wasserfalls. Die Menge in ihren bunten Kleidungsstücken ähnelt einer Stoffbahn aus schottischem Tweed. Auf dem rechteckigen grünen Spielfeld sind weiße Streifen gezogen, an denen Zahlen stehen. Die Zuschauer sitzen wie wir in Gruppen vor- und nebeneinander. Sie gestikulieren aufgeregt und essen, trinken oder knabbern Süßigkeiten. Um die Händler, die Bier in Bechern und Brezeln verkaufen, drängen sich die Durstigen.

Als das Blasorchester, von hübschen *Cheerleaders* angeführt, auf das Spielfeld marschiert, ertönt ohrenbetäubender Jubel. Meine Busgefährten trampeln vor Begeisterung, auch Jindra und seine Frau machen mit. Abwechselnd versuchen sie zwischen den auf- und abschwellenden Lärmstößen zu erklären, was dort unten passiert, und mir die Grundregeln des *American football* beizubringen. Sie stoßen auf taube Ohren. Ich verstehe die Ausdrücke nicht und noch weniger das Spiel. Zum Takt der schmetternden Marschmusik schwingen die sparsam bekleideten Cheerleaders ihre lächerlichen Attribute und verrenken sich in gymnastischen Übungen. Erwartungsvolles Schweigen rauscht durch die Menge. Mit gerecktem Hals beobachten alle den Einzug der Gladiatoren, affenartigen Wesen mit Helm, Maulkorb und gepanzerten Schultern in roten T-Shirts mit großen Zahlen auf dem Rücken, weißen Kniehosen und roten Socken. »Unsere Bills!« schreit Jindra ekstatisch in mein Ohr. Das Brüllen des Publikums donnert zum Himmel. Auch als die ganz in Weiß gekleidete gegnerische Mannschaft im Laufschritt auf das grüne Feld kommt, steigen begeisterte Schreie auf, aber diesmal um einige Dezibel leiser.

Ziemlich ungerührt verfolge ich das Spektakel, bei dem die Spieler einander scheinbar zerfleischen, nur um einen ovalen, fast nie sichtbaren Ball zu ergreifen und ihn ein paar Meter weit zu werfen. Jindra jubelt, schreit und klagt, hebt die Arme bei der *wave*, wippt auf seinem Platz, trampelt mit den Füßen und wirft die Mütze in die Luft wie die anderen achtzigtausend Amerikaner.

Auf einmal wird mir bewußt, daß ich ihn ganz tief in meinem Herzen beneide und zugleich bedaure. Er hat immerhin seine Neue Welt gefunden. Die eigene Alte Welt hat er verloren. Als wir uns am Montagmorgen verabschieden, hat sich das Gespräch vom Samstag verflüchtigt wie Morgennebel.

John schaut angestrengt durch die Windschutzscheibe und achtet auf den lebhaften Verkehr von und nach Buffalo. Auf der Straße nach Kanada entlang der Niagara-Fälle fahren schwere, turmhohe Lastwagen, neben denen die Privatfahrzeuge wie Liliputaner anmuten. Seine gespannte Aufmerksamkeit hindert ihn nicht, eifrig auf mich einzureden, auf die Sehenswürdigkeiten hinzuweisen und mich vorzubereiten auf die Menschen und Dinge in Toronto. Das energische Stakkato seiner Sprechweise war mir schon vor zwei Jahren in Amsterdam aufgefallen. Damals schrieb ich es der Angespanntheit des Touristen zu, eine Angespanntheit, die auch jetzt, trotz seiner unbewegten Miene, von ihm ausgeht. Damals, zu Beginn meiner Suche, sprachen wir in einem kühlen, unpersönlichen Hotelzimmer über unser Leben während und nach dem Krieg. Die Notizen habe ich bei mir. Sie fordern Ergänzung.

Ich versuche die vertraute, offene Atmosphäre wieder herzustellen, was aber nicht gelingt, weil er sich in der Rolle des Reiseführers verschanzt. Vorläufig lasse ich die Vergangenheit ruhen. Stolz zeigt er mir die tosenden Wasserfälle hinter den Regenschwaden. Am dicht bebauten Ufer schieben sich Ausflügler in Nylon-Regenmänteln, die entblößten Kameralinsen im Anschlag. Wir trotten in der Menge mit, bis ich stehenbleibe und die Naturgewalt auskosten will, und sei es auch nur kurz. Für einen Augenblick möchte ich die Bürde meiner Aufgabe abwerfen.

Weiter geht die Reise nach Norden. Schweigend, in Gedanken versunken, sitzen wir nebeneinander. Wir rauschen am idyllischen Ufer des Ontario-Sees entlang. Weiße Märchenvillen, von grünen Rasenflächen mit rotblättrigen Bäumen umgeben, lenken die Aufmerksamkeit von den verrosteten Fabrikhallen auf der anderen Seite ab.

Der Anblick von Toronto ist freundlicher, als ich erwartet hatte. Im Streiflicht der untergehenden Sonne erwecken die neuen Wohnbauten entlang dem Ufer, die Sitzbänke und die kleinen Segelboote auf dem See den Eindruck eines Badeortes. John zeigt auf die Appartements und sagt, daß sie jeweils rund eine Million kosten. »Die Bänke stehen schon lange da. Ich habe früher mit Macek dort gesessen. Wir haben oft Schach gespielt. Mit ihm, seinem Bruder und ein paar anderen ›Jungen‹ – die meisten leben jetzt in den Staaten – bin ich 1948 auf der Aquitania herübergekommen. Zum Ausgehen hatten wir kein Geld, Schachspielen kostete nichts. Macek, der sich später Martin nannte, lebt nicht mehr. Vor anderthalb Jahren hat er sich in seiner Garage vor den Auspuff gelegt, nachdem er die Tür abgeschlossen und den Motor angelassen hatte. Niemand weiß genau, warum er auf diese brutale Art Selbstmord begangen hat. Robin und ich wußten, daß seine Ehe gescheitert war. Als Kartograph hat er berühmt gewordene Luftaufnahmen gemacht. Warum er sich ausgerechnet mit Gas das Leben nahm und nicht aus dem Flugzeug sprang?«

Ich erschrecke vor der nüchternen Frage und sehe ihn von der Seite her an. Er starrt durch die Windschutzscheibe. Vor seiner Wohnung, die nahe der verkehrsreichen Hauptstraße liegt, stellt er das Auto auf dem asphaltierten Platz im Garten ab. Stolz sagt er, das ganze Haus gehöre ihm, aber er bewohne mit seiner Frau nur eine Etage darin. Die Miete für die anderen Stockwerke gestattet ihm lange und weite Reisen.

Drinnen zeigt er mir das Gästezimmer, ruft ein paar Bekannte an, teilt ihnen meine Ankunft mit und legt dann eine Platte auf. Tschechische Kinderstimmen perlen aus den Boxen, hell und melodisch. Tränen treten mir in die Augen. Ich höre die Vergangenheit: die Kinderoper *Brundibar*, die auf den staubigen Dachböden der Kasernen in Theresienstadt wohl an die fünfzig Mal aufgeführt wurde, mit stets wechselnder Besetzung. Wechselnd, weil mit jedem Transport Kinder in die Lager im Osten verschwanden.

Mit scheinbarer Gelassenheit, als läge ein Brandenburgisches Konzert auf dem Plattenteller, erklärt John, daß die Aufführung in der Gedenkstätte Beth Theresienstadt aufgenommen wurde. »Ich habe auch einmal mitmachen dürfen, obwohl ich nicht gut singen konnte.« Er stellt das Grammophon ab, als seine Frau mit vollen Einkaufstaschen hereinkommt. Das Thema »Lager« ist für heute abend abgeschlossen. Nach dem Essen sitzen beide zufrieden vor dem Fernsehschirm. Nora stickt, John döst vor einem Naturfilm und ich sehe meine Aufzeichnungen über Johns Leben durch.

Es gibt nicht viel zu fragen. Seine Jugend ähnelt zum Verwechseln der von Misha K. und anderen Freunden: Vater angesehener Kinderarzt in Budweis, Mutter musikalisch und belesen, Streit mit dem älteren Bruder, schon im April 1942 die Deportation nach Theresienstadt, Unterkunft in einer Jugendbaracke, wo zionistische Lehrer seine geistige Widerstandskraft stärken. Transport nach Birkenau im Dezember 1943, Selektion durch Mengele am 9. Juli 1944, die Mutter mit den anderen Entkräfteten vergast, er selbst im Männerlager, in unserer Gruppe als Ziehhund vor dem Rollwagen.

Morgens frühstücke ich mit Nora in der Küche, John ist ins Büro gefahren. »Die staatliche Steuerbehörde ist an Lagererinnerungen nicht interessiert und verlangt die Anwesenheit aller Inspektoren. Mein Mann«, sagt sie, »bleibt nur wegen Krankheit zu Hause und würde selbst nach dreißig Jahren treuen Diensten nicht wagen, aus anderen Gründen fernzubleiben. Sein Lebensweg im Neuen Land war nicht immer leicht. Nach der Ausschiffung in Halifax mußte er sofort arbeiten. Von Ausbildung war nicht die Rede. Tagsüber, hier in Toronto, verdiente er sein Brot als Hilfskellner, abends studierte er Englisch und Wirtschaftswissenschaften. Als er einen akademischen Grad erworben hatte, kam er voran. Er freute sich so sehr über seine Anstellung als Beamter und seinen kanadischen Paß«, versichert sie mir lächelnd. »Nach unserer Hochzeit bildete er sich weiter zum Wirtschaftsprüfer, was auf seine Laufbahn allerdings wenig Einfluß hatte. Er machte sich nichts draus. Wir sind glücklich miteinander und mit unseren Töchtern. Wir lieben die Musik. Manchmal fährt er zu einem Konzert nach New York und bleibt zwei Tage bei seinem Vetter, um sich auszusprechen. Außerdem singt er im Chor der Synagoge, obwohl er ebenso wenig orthodox ist wie ich.«

Nora räumt die Spüle auf. Ohne mich anzusehen, fährt sie fort: »Ich bin mit meinen Eltern nach dem Einfall der Deutschen aus Prag geflohen. Über Lissabon und Tanger kamen wir ohne einen Cent in der Tasche nach Kanada. Als Landarbeiter haben wir schwere Zeiten durchgemacht. John und ich reden fast nie über die Kriegsjahre.«

Ich helfe ihr beim Abwaschen und sie lenkt das Gespräch auf unverfänglichere Themen. Als wir danach die Stadt und die Museen besichtigen, gibt sie mir das Gefühl, ein einfacher Tourist zu sein. Die Aufregung der Reise läßt nach.

Als John abends die Pantoffeln anzieht, kostet es mich Mühe, den Faden wieder aufzunehmen und die noch offenen Fragen zu stellen. Obwohl er die Ereignisse bis zum heutigen Tag genau registriert hat, erforscht er sein Gedächtnis mit sichtlichem Widerwillen. Anfangs stockend, dann sachlich und kühl, als beträfe es einen anderen, erzählt er von der Evakuierung in offenen Güterwaggons im strengen Winter 1944. Von den Leichen der erfrorenen Häftlinge, die über die Seitenwand geworfen wurden, vom Beschuß durch russische und englische Tiefflieger unterwegs, von den Stricken, mit denen die Männer wie Spargelbündel zusammengebunden wurden, um »Verluste« zu verhindern. Vom Hunger und dem unstillbaren Durst, von den Schneehappen und der

»Gunst«, ein paar Tropfen Abwasser der Lokomotive trinken zu dürfen. Von den tschechischen Arbeitern, die an den Haltestellen versuchten, Brot in die Waggons zu werfen, und von den SS-Leuten, die auf sie schossen, und schließlich vom Fußmarsch durch die steifgefrorenen Wälder, als die Züge nicht mehr weiterfahren konnten. Nicht einmal die Hälfte der Kolonne erreichte lebend das Lager Flossenbürg. Dort erbarmten sich politische Gefangene des Jungen, gaben ihm zu essen und nahmen ihn in ihr Kommando auf.

Die Atempause dauert nicht lang. Weiter geht es durch Schnee und Eis auf Wegen, die die Bewacher mit erschossenen Nachzüglern säumen. In der Ferne Kanonendonner. Morgens, nach einer Nacht in einem schmutzigen Stall, Geflüster: Die Wachmannschaften sind fort. Die zerlumpte, ausgehungerte Kolonne zerstreut sich. Niemand weiß, wohin er gehen soll. Mit ein paar anderen schlägt John auf gut Glück die Richtung des grollenden Gerumpels ein. Über eine Lichtung im Wald donnern riesige amerikanische Panzer. Sie halten an und nehmen die Jungen bis zu einem Gehöft in der Umgebung mit. Ein jiddisch sprechender junger Offizier fordert die Bäuerin auf, die Jungen zu verpflegen, und verspricht Hilfe. Die Befreiung hat stattgefunden, der Krieg ist aus.

John blickt starr vor sich hin. Über die Heimkehr nach Prag verschwendet er kein Wort. »Nicht wichtig«, meint er. »In meinem Geburtsort gab es niemanden, den ich von früher her kannte. Freundliche Menschen nahmen mich auf, gaben mir Kleider und zu essen. Der Direktor der örtlichen Schule wollte mich nicht zulassen, da seiner Meinung nach noch immer das Gesetz der Besatzungsmacht in Kraft war, daß jüdische Kinder keinen ›arischen‹ Unterricht bekommen dürfen.

Die Schwester meines Vaters kehrte nach Prag zurück. Sie hatte überlebt, weil sie in »Mischehe« verheiratet war. Ich zog zu ihr und ihrem Mann und lernte wieder normal zu leben. Als im Februar 1948 die Kommunisten die Macht übernahmen, wurde mir bang. Ich habe sofort die Chance wahrgenommen, nach Kanada zu emigrieren.« Er steht auf und schaltet den Fernseher ein. Ich verstehe, daß er die gespenstischen Bilder verscheuchen will, möchte aber nicht auf die letzte Frage verzichten, obwohl ich weiß, daß sie schmerzlich ist.

»Was ist aus deinem Vater und deinem Bruder geworden?« frage ich. Johns blasses Gesicht wird grau. Er setzt sich unbequem auf die Sofakante, schaut zu Boden und murmelt mehr zu sich als zu mir: »Ein Mann wollte es mir seinerzeit in Prag erzählen, aber er kam nicht, obwohl er es versprochen hatte. Er getraute sich wohl nicht. Es war ja noch nicht lange her. Erst vor einem Jahr hat mir eine entfernte Verwandte gesagt, was sie von einem Augenzeugen erfahren hatte: Während des Todesmarsches im Winter 1944 konnte mein Bruder Karl nicht weiter und brach zusammen. Der Wachposten gab ihm einen Tritt und brüllte, er müsse weitergehen. Mein Vater kam dazu und versuchte ihm aufzuhelfen, doch der SS-Mann hat beide erschossen.«

Eine sonore Stimme erschallt aus der Sprechanlage: »Robin«. Schwere Schritte stampfen die Treppe herauf. In der Türöffnung steht ein großer schwerer Mann. Ich schüttle ihm die Hand und schaue zu ihm auf. Ich glaube, seine Züge vage zu erkennen, weiß aber, daß dies auch eine Täuschung sein kann. Damals hatte er nur kurze Stoppel auf dem Schädel.

Seine Miene ist streng. Kaum gelingt es ihm, sich ein Lächeln abzuringen. Er sieht John an und fragt, ob er es mir schon gesagt habe.

Ich frage mich, was er meint. Verlegene Stille breitet sich im Zimmer aus. Mit einer Stimme, leiser und tiefer, als ich von ihm gewöhnt bin, sagt John: »Renata, Robins Frau, will dich nicht bei sich zu Hause empfangen.« Ärger, Verwunderung und Neugier kämpfen um die Wette. Die Verwunderung siegt, doch ich spüre, daß Robin nicht weiter darauf eingehen möchte. Er will wissen, mit wem ich in den Vereinigten Staaten und Kanada schon gesprochen habe, was ich getan habe und noch zu tun gedenke. Meine Antworten entlocken ihm skeptische Ausrufe, die manchmal an Zynismus grenzen, aber je weiter mein Bericht fortschreitet, desto entspannter wird sein Gesicht, seine Bemerkungen werden freundlicher und seine Fragen interessierter. Trotzdem macht mich dieses Quasi-Kreuzverhör unruhig. Als er mich in sein Auto einlädt, um irgendwo in der Stadt an einem ruhigen Ort mit mir zu reden, bin ich es, der Bedenken äußert, doch er besteht darauf.

Im luxuriösen Foyer des Toronto Hilton lassen wir uns in einer stillen Ecke nieder. Ohne die geringste Schärfe erkundigt er sich nach den Motiven meiner Suche und entschuldigt sich für das Mißtrauen. Er verabscheut die Verkitschung unserer Vergangenheit, aber als ihm klar ist, daß er in mir einen Kampfgefährten findet, legt er seinen Panzer ab.

In unseren Ledersesseln flüstern wir miteinander wie zwei Mafiosi, die einen Überfall aushecken. Den Kassettenrecorder lehnt er ab, auch Papier und Bleistift stören ihn. Ich höre gespannt zu, um mir seine Geschichte zu merken, und betrachte unterdessen aufmerksam sein Gesicht. Allmählich, während er über seinen Werdegang berichtet, sehe ich ihn und seinen Bruder wieder auf dem Appellplatz stehen: die zwei Riesen unter uns. Ihr hochgewachsener, schwerer Körperbau stiftet Verwirrung in den dumpfen Geistern der Wachmannschaft. Das tadellose Deutsch und der unbeschnittene Penis stempeln sie zu Ausnahmen, zu Pseudo-Ariern. Was wußten die in Klischeevorstellungen denkenden SS-Leute von der Vielfalt jüdischen Lebens mit seinen Liberalen und Agnostikern, an deren Stammbaum dennoch ausschließlich jüdische Triebe wuchsen?

Robin und Martin, aufgewachsen in einer nichtgläubigen Familie von Bankiers, bei denen die Kultur an die Stelle der Gläubigkeit getreten war, wurden wie die anderen mit ihren Eltern aufgegriffen und schon 1942 ins Ghetto abgeschoben. Die Bande, die sich dort in den Zimmern des Jugendheims geknüpft hatten, lockerten sich nicht einmal an der Grenze des Todes. Deutlich steht das Bild der Jungen ihm vor Augen. Er nennt ihre Namen und beschreibt sie genau. An einige erinnere ich mich auch, und den wenigen, die noch am Leben sind, bin ich auf meiner Suche begegnet. Das Kommando, in dem die beiden Brüder in Auschwitz arbeiteten, war weniger mörderisch als die anderen Kommandos. In der Landwirtschaft gab es mehr zu essen und die Umstände waren etwas freundlicher. Sogar die Zugfahrt und die Märsche forderten weniger Todesopfer.

Robin sieht mich plötzlich an, als wolle er sich für sein milderes Schicksal entschuldigen: »Die Wintermonate in Mauthausen, Melk und Gunskirchen waren die Hölle. Die Menschen fielen um wie Ähren vor den Schnittern. Mit Misha, Honza und mehreren anderen Jungen hausten wir in undichten Zelten. Alle am Rande des Verhungerns. Typhus, Flecktyphus, Krätze, Ödeme und Tuberkulose grassierten im Lager.

Nach unserer Befreiung und Gesundung gingen wir nach Prag zurück. Wohin hätten wir sonst gehen sollen? Es gab niemanden mehr, bei dem wir anklopfen konnten, und in Prag trafen wir Kameraden, die es ebenfalls geschafft hatten. Honza S., mein bester Freund, der bis zum amerikanischen Hospital in Hörsching bei uns blieb, lief plötzlich Amok und wurde in die psychiatrische Abteilung gebracht. Er folgte uns erst später nach.«

Die Ruhe in unserer Ecke wird durch Hotelgäste gestört. Unsere Nerven sehnen sich nach Stille, der festliche Trubel macht uns gereizt. Wir versprechen anzurufen und trennen uns wie alte Freunde.

Als ich die Nacht voller Alpträume mit starkem Kaffee vertreibe, steht Robin plötzlich unrasiert, mit Ringen unter den Augen vor mir. Ohne Einleitung sagt er: »Renata will dich sehen und sprechen.« Ich reagiere erschrocken, frage mich, was ich gesagt haben könnte, das ihn so aus der Fassung gebracht hat. Ich bringe nur heraus: »Wieso denn auf einmal?«

Müde setzt er sich mir gegenüber hin, stützt den Kopf in die Hände und sagt: »Die ganze Nacht hindurch, bis heute früh, habe ich mit ihr geredet und ihr erklärt, was du tust, bis Renata überzeugt war, daß deine Suche nichts mit Kommerz zu tun hat. Das ›Shoa-business‹ jagt ihr Angst und Widerwillen ein. Und meinen Seelenfrieden und den meiner Tochter Lisa beschützt sie wie ein Schäferhund. Morgen hole ich dich ab. Sie freut sich auf dein Kommen.« Robin geht eilig, um die versäumte Arbeitszeit nachzuholen. Als die Haustür ins Schloß fällt, vertraut mir Nora mit spöttischem Lächeln an, daß er um seine Stelle in der Kunststoffbranche bangen muß.

Sie ist groß, grau, schön und freundlich. Ihr Englisch und ihr Deutsch sind akzentfrei. Mit Robin spricht sie Tschechisch, schaltet aber sofort auf Englisch um, als ich mich an den Tisch setze. An den Zimmerwänden übervolle Bücherregale. Kafka, Zweig, Mann, Hašek, Čapek und berühmte Russen. Englische und französische Autoren und große Kunstbände. Das Tischgespräch dreht sich um einen katholischen Dichter aus den Niederlanden, dessen Buch sie auf Englisch liest, und um die frische Lachsforelle, die Lisas Freund vorhin gefangen hat.

Literatur und Kunstgeschichte bilden ein Bollwerk gegen das Leid des Krieges. Religion fasziniert meine Gastgeber, Politik ist hier tabu. Bildung hängt in der Luft wie ein leichtes Parfüm, ohne aufdringlich zu wirken. In seinen eigenen vier Wänden sehe ich Robin mit anderen Augen. Ich fange an zu begreifen, warum er eine *college*-Ausbildung verschmäht hat und nie zum Karrieremacher wurde. Beide, sie und er, finden ihren Trost anderswo, bei dem sogenannten Überflüssigen, das im Leben unentbehrlich ist.

Dennoch verhehlen sie nicht ihr Interesse für meine Geschichte. Sie sitzen mir gegenüber und lauschen gespannt meinem Bericht über die »Heimkehr« ohne Zuhause, über die Anpassung und Einsamkeit nach den Schrecken der Jugend.

Überraschend, mit heiserer, bewegter Stimme unterbricht mich Robin. »Als Martin und ich in Halifax landeten, wurden wir wie Postpakete behandelt. Die Gruppe wurde auseinandergerissen. Mein Bruder und ich durften in Toronto zusammenbleiben, doch die Vorsteher des CJC und die Sozialarbeiter verteilten die anderen gefühllos über das riesige Land. Wir sprachen kein Englisch, kannten keinen Menschen, hatten keine Ausbildung und keinen Cent in der Tasche.

Es mag undankbar klingen, aber die Einsamkeit und die Verlassenheit waren hier fast schlimmer als in den Jahren der Gefangenschaft. Ich bin beinahe daran zugrundegegangen und Martin hat seine Depressionen nie überwunden. Er lebt nicht mehr, wie du weißt.«

Unter dem Vorwand, Tee aufzusetzen, geht Renata in die Küche. Robin legt eine Platte auf: eines der Preußischen Quartette von Haydn mit dem berüchtigten Deutschlandlied-Motiv. Ich zucke zusammen und verstehe zuerst nicht, was ihn plötzlich dazu treibt, bis er mit traurigem Lächeln sagt: »Nur Ironie und Spott, vor allem aber Schönheit machen mein Leben erträglich. Ich hoffe, daß ich Haydn für dich nicht verdorben habe.«

Im Bauch der riesigen Boeing 747 fühle ich mich genau so unglücklich wie Jonas im Walfisch. Meine Suche neigt sich dem Ende entgegen, aber eine eindeutige Antwort auf die Frage: »Wie leben wir nach der Shoah«, habe ich nicht finden können. Jeder meiner Schicksalsgefährten kämpft auf eigene Weise und hält den Kopf hoch, aber alle bedrückt die Last der Vergangenheit.

Durch das Flugzeugfenster ist nur der Umriß von Nova Scotia zu sehen. Halifax liegt unter einer Wolkendecke. Ein halbvergessener Name aus dem Weltatlas hat im vergangenen Monat eine Bedeutung bekommen.

Das Treffen

Unter dem Schirm der gelben Baseballmütze sehe ich seine unruhigen Augen von einem Gesicht zum anderen wandern. Er liest die Namensschilder auf den Brusttaschen. Als er weder Namen noch Gesichtszüge erkennt, irrt sein Blick weiter und hält abrupt bei mir an.

Er liest mein Schildchen, schaut mich an, liest nochmals, jetzt aber laut. Seine ernsten Züge entspannen sich, er wiederholt fast jubelnd meinen Namen und fällt mir um den Hals. »Ich bin der Ernst aus Kalifornien, dank deiner Aktion habe ich euch wiedergefunden und bin jetzt hier. Ich bin so froh. Als du mir im vergangenen Jahr schriebst, wußte ich nicht einmal, daß es noch Überlebende gab.« Seine Worte stocken, er vergißt zu atmen. Seine Freude rührt mich. Auch ich lege die Arme um ihn und stammele Worte des Willkommens.

Wir schauen einander an, versuchen die Züge aus unserer Jugend wiederzufinden. Sein Deutsch hat noch immer einen Wiener Akzent: »Kannst du dich noch an Walter erinnern? An meinen Cousin, der auch bei uns war? Er konnte leider nicht mitkommen. Seine Gesundheit ist nicht die beste und er hatte auch ein bißchen Angst vor dem Wiedersehen.« Er legt die große Videokamera, die an seiner Schulter hängt, ins Gras und zieht aus der Gesäßtasche ein zerknittertes Foto hervor, das zwei magere Jungen zeigt, einer noch in gestreifter Häftlingskleidung, der andere in kurzer Hose und weißem Oberhemd: »Erkennst du uns, Walter und mich? Ihr habt uns immer ›die Jeckes‹ genannt, weil wir Deutsch miteinander sprachen.« Bilder flitzen durch das Archiv meines Gedächtnisses. Ich sehe ihn an meiner Seite, keuchend vor Anstrengung, die Hände um die Stangen des Rollwagens geklammert, den wir über den schlammigen Weg hinter dem Krematorium III schieben.

»Ein Captain der amerikanischen Heereseinheit, die Buchenwald befreit hatte, hat das Foto gleich nach der Kapitulation aufgenommen. Walter machte sich auf den Weg, um seine Eltern zu suchen. Der Offizier hat mir nach Italien geholfen. Ich wollte nach Palästina, denn es war ja doch niemand mehr da.« Seine Augen röten sich. Er kann die Tränen nicht zurückhalten.

Um uns herum Umarmungen und Freudenrufe des Wiedererkennens. Vierhundert Menschen schlagen Brücken über die Jahrzehnte hinweg. Im lärmenden Durcheinander können wir einander kaum verstehen. Überall hebräische, tschechische, deutsche und englische Laute und Rufe. Zusammen mit Ernst spähe ich nach Gesichtern und Namensschildchen. Unsere Frauen verlieren wir aus dem Auge.

Vor der Tür der sechseckigen Gedenkstätte sprechen Yehuda und Dov mit zwei anderen Männern hebräisch. Als ich mich nähere, lese ich ihre Namen und weiß sofort, daß sie zu uns, oder wie der kleine dicke John aus Toronto es nennt, zu den »Boys of Birkenau« gehören. Das Wiedersehen ist herzlich, fast heiter. Ich stelle Ernst vor, wie ein Lehrer der Klasse einen neuen Jungen vorstellt. Fünfundvierzig Jahre sind wie fünfundvierzig Sekunden.

Ich verlasse die Gruppe und suche gespannt weiter in der Menge nach vertrauten Namen und Gesichtern.

Der Park um den großen Hörsaal wird voller und voller. Ein Jahr zuvor hatten die Leiter der Gedenkstätte Beth Theresienstadt darum gebeten, unser Treffen mit der jährlichen Zusammenkunft der anderen Überlebenden des gleichnamigen Lagers zu verbinden. Die heutige Zusammenkunft bekommt ein besonderes Gepräge durch die Anwesenheit von Politikern und Freunden von Václav Havel, dem tags zuvor ein israelisches Ehrendoktorat verliehen wurde. In den beiden Flugzeugen, von dem englischen Zeitungsmagnaten Maxwell, der aus der Tschechoslowakei stammt, zur Verfügung gestellt, hat der Präsident auch ehemalige Häftlinge aus Theresienstadt mitgebracht. Aufgeregt gehen sie auf die Suche nach Verwandten und Bekannten, die sie vor fast einem halben Jahrhundert zum letzten Mal gesehen haben.

Heute morgen, auf dem Weg nach Givat Chaim, dem Kibbuz, auf dessen Gelände die von Überlebenden und ihren Nachkommen gestiftete Gedenkstätte Beth Theresienstadt mit dem Archiv, den Fotos und den vermaledeiten Lagerreliquien steht, fragte ich mich, ob ich wohl Pavel B. aus Prag wiedersehen würde.

In den Jahren, als über seinem Land auch mittags Dunkelheit herrschte, hatte ich ihm oft geschrieben, ohne jemals Antwort zu bekommen. Sein Sohn, der nach dem Zusammenbruch des Kommunismus einen Kongreß in den Niederlanden besuchte, erzählte mir von der Isolation, in der sein Vater während der letzten zwei Jahrzehnte gelebt hatte, und von den Hindernissen, die die Machthaber ihm in den Weg gelegt hatten. Die Arbeit für die Charta 1977 nach seiner Entlassung als Dozent für Geschichte an der Karls-Universität hatte ihn in den Augen des Staatssicherheitsdienstes verdächtig gemacht. Post von »draußen« ging »verloren«, Post nach »draußen« war von der Laune des Zensors abhängig.

Wir wußten, daß Pavel zu den »Jungen« gehörte, konnten ihn aber nicht erreichen. Der Plan, der während meiner Suche in den Vereinigten Staaten und Kanada heranreifte, nämlich die Überlebenden von den neunundachtzig Jungen aus dem Familienlager Birkenau zu einem Treffen nach Israel einzuladen, nahm nach dem Umsturz in den Ostblockländern feste Form an. Am 5. Mai waren wir als ehemalige Insassen von Theresienstadt in den Kibbuz Givat Chaim eingeladen, wo wir uns mit den anderen Teilnehmern treffen sollten. Der Tag darauf war unser Tag, dazu bestimmt, nach einem halben Jahrhundert aus unserem Leben nach der Katastrophe die Bilanz zu ziehen.

Das Gerücht, Pavel sei im Gefolge des Präsidenten mitgekommen, treibt mich auf die Suche. Ich bahne mir den Weg zwischen laut redenden, weinenden und lachenden, suchenden und einander wiederfindenden Menschen. Im Schatten der bewachsenen Umzäunung sehe ich Dov, der sich aus dem Kreis um Yehuda und Ernst entfernt hat. Er spricht mit einem schwarzhaarigen Mann mit tiefliegenden Augen. Obwohl ich das auf Tschechisch geführte Gespräch nicht verstehen kann, kommt es mir eher sachlich als gefühlsbetont vor; ein akademischer Dialog, bei dem die Partner nachdenklich in die Ferne starren.

Plötzlich schauen beide zu mir herüber und Dov winkt mich heftig heran. Ich betrachte den Mann, der neben ihm steht. Mein Blick schweift über das blaue Polohemd und sucht nach dem Namensschildchen. Er hat noch keines. Dov stellt ihn leise, aber eindringlich vor: »Das ist Pavel, Pavel B. aus Prag. Er ist mit Havel mitgekommen.«

Einen Augenblick bin ich sprachlos. So stehen wir uns gegenüber. Durch die Nachricht, die mir sein Sohn übermittelt hat, ist er kein Fremder mehr für mich. Aus der großen blauen Nummer A-1480 ersehe ich, daß wir am 16. Mai 1944 mit demselben Transport von Theresienstadt nach Auschwitz deportiert wurden.

Er fragt, warum ich meine Nummer habe wegmachen lassen, und als ich, fast entschuldigend, antworte, daß ich nicht immer ein Outsider hätte bleiben wollen, schüttelt er traurig den Kopf und sagt: »Die Nummer ist kein Schandmal, und Außenstehende bleiben wir ohnehin, was wir auch tun.«

Vorsichtig wählt er seine Worte in Schuldeutsch. Man sieht ihm an, daß er nicht gewohnt ist zu lachen, und auf meine Frage nach seiner Gesundheit gesteht er widerstrebend, daß sie viel zu wünschen übrig lasse.

«Ich bin von der Begegnung mit all diesen Menschen hier und von diesem Land vollkommen verwirrt. In der Tschechoslowakei waren zuletzt nur noch die Gedanken frei. Jede Handlung, die dem Schema der Diktatur zuwiderlief, wurde unbarmherzig mit Deklassierung bestraft. Wir waren Außenstehende par excellence. Als nach dem Prager Frühling bei uns die Freiheit eingefroren wurde, widmete ich meine Studien dem Schicksal der Juden Osteuropas in der Hoffnung, daß dieses Thema bei den Bewohnern des ›Schlosses‹ keinen Anstoß erregen würde. Aber nach einem Tagewerk geisttötender Arbeit blieb mir dazu nicht viel Zeit.«

Elimelech L., bislang für mich nur eine Name auf der Liste, gesellt sich zu uns. Ein freundliches, gebräuntes Gesicht mit großer Brille und schütterem, aber immer noch dunklem Haar. Von seinem Hintergrund weiß ich wenig. Die Fragenliste, die ich ihm vor fünf Jahren geschickt hatte, kam bis auf etwa zwanzig Worte fast leer zurück. Auch jetzt gibt er nichts preis, fast nichts. Als der Name Nordhausen fällt, das Lager, wo Hitlers Wunderwaffe, die V2, gebaut wurde, verstehe ich seine Schweigsamkeit.

Das Stimmengewirr hinter uns verstummt allmählich. Hunderte von überwiegend älteren Männern und Frauen strömen in den Hörsaal. Ich suche meine Frau, und zusammen lassen wir uns von der Strömung mittreiben ohne genaue Vorstellung von dem, was uns erwartet. Neben uns, hinter uns, vor uns graue Köpfe, muntere und zufriedene Gesichter, farbige Sommerhemden mit offenem Kragen, einfache, bunte Kleider und Blusen: Kibbuzniks und ihre Gäste, die der Vergangenheit die Macht abstreiten, das Heute zu vergiften. Aufmerksam verfolgen sie die hebräischen und tschechischen Ansprachen. Ernst läßt seine Videokamera eifrig laufen und hört nicht zu. Wir verstehen nichts. Ilana, Misha K.s Frau, übersetzt das Wesentliche in mein Ohr, voller Stolz auf ihr Geburtsland. Willkommen und Hoffnung ist das vielfach wiederholte Thema, aber auch der Wille, die Geschichte an die kommenden Generationen weiterzugeben. Ich wage nicht, mich zu langweilen, doch meine Gedanken schweifen ab. Ich weiß, bald wird hier, an diesem Ort, meine Suche enden. Doch was habe ich gesucht? Was habe ich gefunden?

Ein grauhaariger Mann auf dem Podium beendet seine auf Tschechisch gehaltene Rede. Wilder Applaus umbrandet den Freund und Stellvertreter Havels, und ich vermute, daß er gewichtige Worte gesprochen hat. Meine Vermutung bestätigt sich durch die Übersetzung: Das humane Denken von Tomáš Masaryk ist in der Person Václav Havels wieder in das Prager Schloß eingekehrt. Beziehungen zu Israel wurden aufgenommen, die Juden sind wieder geachtete Mitbürger, und Bestrebungen sind im Gange, durch Anerkennung ihrer Leiden die Schuld zu tilgen.

Nach dem offiziellen Teil des Programms strömen die Menschen in wirrem Durcheinander aus dem Saal. Die Spannung läßt nach, die Sonne wischt den Ernst von den Gesichtern. Kauende und kaffeetrinkende Menschen sitzen oder wandeln im Schatten der Zedern und nehmen die unterbrochenen Gespräche wieder auf.

John F. will für den nächsten Tag eine Tagesordnung mit Lesungen festsetzen, stößt aber auf Widerstand. Er wuselt von einem Teilnehmer zum anderen und versucht zu regeln, was nicht zu regeln ist. Die Form des Zusammenseins erscheint ihm wichtiger als der Inhalt, und Unmut steigt in mir auf.

Im Bus, auf dem Heimweg zu unserem Standquartier Netanya, sehe ich schweigend in die Küstenlandschaft hinaus. Dann und wann fliegt ein dunkelfarbener Militärhubschrauber parallel zur Küste über das Meer. Das Foyer des Hotels ist geräumig und zugig. Große, schwarzlederne Sofas, ein glänzender Granitfußboden und eine spiegelnde Hoteltheke, hinter der drei Empfangschefs geräuschvoll in vielerlei Sprachen telefonieren und den überlaut sprechenden Gästen Auskunft geben.

Auch unsere Freunde tragen kräftig dazu bei. Sie fragen, wer von »unserer Gruppe« angekommen ist: »Welche Zimmer haben sie, sind sie im Haus?« Die Antwort ist nicht unhöflich, aber etwas ungeduldig. Dann fällt der Name, der in Gesellschaft ungehörig klingt und nur unter uns »geläufig« ist: Birkenau. Der Empfangschef schaut auf, kommt hinter der Theke hervor und stellt ernst, fast verlegen John die Frage: »Sind Sie alle ...?« John nickt und erklärt ihm beinahe heiter den Zweck unserer Reise nach Israel.

Unentschlossen wie Jugendliche am Samstagabend überlegen wir, wo und was wir essen sollen. Ernst, noch immer mit Videokamera behängt, tritt mit seiner Frau aus dem Lift, hört unser hin und her gehendes Gerede und haut den Knoten durch. An der Spitze des ungeordneten Zuges führt er uns, eifrig auf mich einredend, zu einem volkstümlichen Restaurant nicht weit vom Hotel. Ich habe schon einmal dort mit meiner Frau gegessen und weiß, daß das Essen gut und sogar bezahlbar ist.

Außer zwei Tischen sind alle Plätze mit plaudernden und lachenden Israelis besetzt. Mit etwa zwanzig Leuten stehen wir vor der Glastür und schauen enttäuscht drein. Ernst läßt sich nicht aus der Ruhe bringen, redet in fließendem Hebräisch auf einen Ober ein, spricht mit dem Besitzer und winkt uns hinein. Die Gäste rücken zusammen, der Wirt und ein paar Kellner schleppen Tische herbei, schieben sie wie Dominosteine aneinander und nach wenigen Minuten hat jeder seinen Platz.

Ernst strahlt vor Freude und Aufregung. Er möchte jeden der wiedergefundenen Kameraden an die Brust drücken. Ich sitze neben ihm am Kopfende der Tafel, und immer wieder packt er meinen Arm und beteuert seine Dankbarkeit, daß ich ihn zu »seinen Brüdern« zurückgeführt habe. Lauthals erzählt er dem Besitzer, den Kellnern und jedem im Saal, der es hören will oder nicht, den Grund unseres Zusammenseins. Er läßt Wein auffahren und schenkt ein, um auf das Leben anzustoßen. »Le'chaim, le'chaim« klingt es im Chor, was hier sehr viel mehr bedeutet als nur »Prosit«.

Ein Sprachen-Potpourri summt durch das Lokal. Obwohl viele von uns nach 1945 eine zweite Muttersprache angenommen haben, überwiegt nostalgisches Tschechisch. Englisch dient nur zur Aushilfe, sogar für Michael H., der es makellos spricht.

Als ich Ernst frage, wo er sein perfektes Hebräisch gelernt hat, fällt er ins Wienerische seiner Kinderjahre zurück und läßt mich an seiner Lebensgeschichte teilhaben. Schon heute morgen hatte ich verstanden, daß es ihm kurz nach der Befreiung von Buchenwald, wohin es ihn nach den Todesmärschen im Winter 1944-45 verschlagen hatte, gelungen war, durch die englische Blockade vor der palästinensischen Küste zu schlüpfen. Ich höre angespannt zu, damit seine Worte im Stimmengewirr nicht untergehen. Mein Essen wird kalt. Das seine ebenfalls. Durch die vergrößernden Gläser der Lesebrille sehe ich seine Augen, von Furchen umrahmt. Sie strafen seine Euphorie Lügen.

»Auf Zypern stand ich wieder hinter Stacheldraht. Die Engländer ließen uns nicht durch. Auschwitz ... Buchenwald ... es ließ sie völlig kalt. Das Papier ›meines‹ Captains wirkte Wunder. Nach einigen Wochen ging ich in Haifa an Land.

Ich konnte nichts. Kaum lesen, geschweige denn schreiben. Wann hätte ich es lernen sollen? Die Deutschen waren ja schon seit 1938 in Österreich. In Israel machte ich eine Lehre als Schweißer in einem metallbearbeitenden Betrieb, und als ich mein Handwerk beherrschte, wurde ich mit einem Trupp aufs Land geschickt, um Wasser-, Gas- und Ölleitungen zu verlegen. 1948, während des Unabhängigkeitskrieges, ging ich zum Militär und blieb dort fünf Jahre. Viel Zeit zur Weiterbildung hatte ich nicht, aber ich war zumindest kein Analphabet mehr, als ich den Dienst quittierte.

Wieder legte ich Leitungen kreuz und quer durch das Land, jetzt als Leiter der Kolonne. Ich arbeitete sehr, sehr schwer. Von morgens früh bis spät in die Nacht. Nicht nur, weil ich beim Aufbau des Landes gebraucht wurde. Ich wollte die Bilder meiner Eltern, meines Bruders, meiner Familie und der Schornsteine verscheuchen. Ihr habt das gleiche über euern Büchern, in Schulen und Universitäten versucht. Das konnte ich nicht. Ich brauchte dazu meine Muskeln, meine Hände.

Nach meiner Militärzeit haben Menorah und ich geheiratet. Sie ist eine Sabra, eine Tochter des Landes. 1962 sind wir nach Amerika emigriert. Hier in Israel kam ich nicht weiter. Siebzehn Jahre Rohrelegen waren meiner Ansicht nach genug.

In Übersee arbeitete ich genau so schwer wie hier. Vielleicht sogar noch mehr, aber diesmal selbständig mit meinem Vetter Walter als Kompagnon. Wir verdienten gut. Wenn man sich in Amerika sechzehn Stunden am Tag ins Zeug legt, kann man es zu etwas bringen. Wir kauften nach und nach alte Häuser auf und renovierten sie mit der Hilfe eines befreundeten Zimmermanns und Malers. So habe ich vor ein paar Jahren ein Haus für 70 000 Dollar gekauft, das jetzt das Zwanzigfache wert ist. Beverly Hills ist teuer geworden.«

Ich bin erstaunt. Diesem verletzlichen und dennoch lebenslustigen Mann hatte ich keine Reichtümer zugetraut.

Die Gespräche an unseren Tischen versiegen allmählich. Nach einem Tag voll emotioneller Aufregungen zeichnet sich Ermüdung auf den Gesichtern ab. Niemand trinkt mehr Wein. Nicht einmal der Kaffee kurbelt den Motor wieder an. Hände gehen in die Höhe und winken den Kellnern. Ernst steht auf und bittet, ja fleht beinahe, alles bezahlen zu dürfen. In seinen Augen stehen Tränen. »Ich bin so froh, daß ich euch wiedergefunden habe, gönnt mir diese Freude!« Er kontrolliert flüchtig die Rechnung, die vor ihn hingelegt wird, zieht aus der Hosentasche eine Handvoll zerknitterter Hundertdollarscheine und bezahlt.

Der kleine Transitbus, der uns nach Beth Theresienstadt im Kibbuz Givat Chaim bringen soll, ist proppenvoll, aber niemand beschwert sich. Es ist unser Tag und kleine Unbequemlichkeiten zählen heute nicht. Schweigend sehen wir hinaus auf die Küste, die parallel zur Schnellstraße verläuft. Der Morgennebel über den Dünen löst sich auf. Das Mittelmeer leckt schäumend am Strand. Caesarea, einst ein Räubernest der mit dem Schwert missionierenden Kreuzfahrer, erhebt sich vor dem blauen Hintergrund. Schwarzhaarige kleine Jungen spielen zwischen überwachsenen Bunkerruinen oder rennen wie Wachhunde hinter Ziegen her. Verfallene Behausungen der Araber stehen neben trostlosen, einförmigen Wohnkasernen, die zum Teil von russischen Emigranten bewohnt werden. Eingerüstete Neubauten, von Betonmischern umdrängt, fressen sich in die Dünen.

An einer Straßenkreuzung weiter landeinwärts steht eine rätselhafte Festung, umgeben von hohen Mauern, Wachttürmen und Stacheldrahtverhau. Soldaten, die Uzi lässig an der Hüfte, bewachen dunkelhäutige, schwitzende Männer, die mit Spaten und Spitzhacken Gräben um das abscheuliche Bauwerk ziehen. Ich mache meine Frau auf die Kaserne aufmerksam, doch John korrigiert mich gnadenlos: Es ist ein Gefängnis für Palästinenser.

Im Kibbuz ist das hektische Chaos von gestern einer arkadischen Ruhe gewichen. Im Schatten vor der Gedenkstätte warten bereits ein paar Freunde; einige haben ihre Frau mitgebracht, um beim Graben in der Vergangenheit den Faden zur Gegenwart nicht zu verlieren.

Der kleine Saal mit Dutzenden herumstehender Plastiksessel ist hell erleuchtet durch viele paarige Neonröhren, die trotz des hereinströmenden Sonnenlichtes eingeschaltet sind. Hinter dem dünnen Vorhang, der bei Amateurdarbietungen als Umkleidekabine benutzt wird, holen wir einen Tisch hervor, der den Sprechern als Katheder dienen soll. Obwohl ich mich mit dem formellen Rahmen, der dadurch geschaffen wird, nicht anfreunden kann, lasse ich John gewähren. Er hat ein Faible für das Zeremonielle und bearbeitet jeden von uns seit Monaten, bei unserem Treffen einen Vortrag zu halten. In einem weiten Halbkreis sitzen wir vor dem Tisch. John nimmt dahinter Platz. Er ist klein und korpulent, sein weißes Haar ist schütter. Die lebhaften Augen unter den schweren Lidern wandern forschend im Saal herum, ob wir auch »komplett« sind. Seine hohe Stimme ist bis in die entferntesten Winkel des Saales zu hören. Das freundliche runde Gesicht zuckt vor Nervosität, doch nach wenigen Worten hat er sich gefangen. Er setzt eine Brille mit schwarzem Gestell auf, ruft: »Dear boys« und beginnt seine Ansprache mit den Worten: »Auch diesmal wurde uns wieder ein Sommer geschenkt. In kalten Wintern, wenn ich, wie damals vor fünfundvierzig Jahren, verzweifelt auf den Frühling warte, frage ich mich noch immer, ob ich den nächsten Tag erleben werde. Jetzt sind wir hier beisammen. Das Schicksal hat uns verschont. Wir haben überlebt, aber nicht, weil wir etwas getan oder unterlassen hätten. Bei den Vorbereitungen für unser Treffen war ich gespannt auf die Reaktionen der ›Jungen‹, die in alle vier Himmelsrichtungen zerstreut wurden. Ob wir ein halbes Jahrhundert nach unserer Wiedergeburt zueinander finden würden? Ob es noch Bande zwischen uns gibt? Ich habe über zwanzig Briefe verschickt, aber damals waren wir neunundachtzig. Wir sind der Bruchteil eines Bruchteils, die die Kräfte des Bösen überlebt haben.«

Durch die Mattglasscheibe der Saaltür sehe ich die Umrisse eines breitschultrigen Mannes. Er zögert einzutreten. Unsere Blicke richten sich auf die Tür. John unterbricht seine Rede. In der Türöffnung steht ein schwergebauter Mann mit großen Händen und einem Stiernacken. Durch die schwere Brille sieht er sich suchend im Saal um und hebt grüßend die Hand. Nur die in Israel lebenden unter uns kennen ihn und winken zurück. Er und seine Frau setzen sich neben mich. Flüsternd, um John nicht länger zu stören, sagt er zu mir: »Ich bin Bachner, ein Bauer aus Moledet. Ich war im selben Transport wie du, aber ich hätte dich nicht wiedererkannt. Damals warst du kahlgeschoren und trugst noch keinen Bart.« Und mit Baßstimme glucksend fügt er hinzu: »Wir sind nicht gerade schöner geworden.« Alle lachen mit. Der große Unbekannte ist kein Fremder mehr. Die Spannung ist für einen Augenblick gebrochen, doch John setzt im selben Tonfall wie vorher seine Rede fort.

»Trotz des schweren Anfangs nach dem Krieg, trotz der quälenden Depressionen und Zweifel, trotz der Armut und den Spannungen im Land unserer Herkunft ist es den meisten von uns gelungen, fern der Heimat eine neue Zukunft aufzubauen.« Er nickt mir zu und fährt fort: »Unser Freund Gerhard hat vor ein paar Jahren die Kontakte zwischen uns wieder geknüpft. Wie wir alle ging er gebeugt unter der Last der jahrelangen, unvorstellbaren Unterdrückung in seiner Jugend, als Tod und Verderben uns täglich bedrohten. Jeder von uns wählte seinen eigenen Weg, um mit den Erinnerungen ins Reine zu kommen. Der eine war erfolgreich, wo ein anderer scheiterte, doch ich glaube, daß keiner von uns ohne seelische Wunden davongekommen ist. Trotzdem hat Gerhard uns gezeigt, daß ein befriedigendes, erfülltes Leben möglich ist und daß die meisten von uns es geschafft haben. Stolz und ohne Scham dürfen wir auf den Weg zurückblicken, den wir gegangen sind. Unter uns gibt es Künstler, Wissenschaftler und Angehörige anderer angesehener Berufe, die innerhalb der gegebenen Möglichkeiten hart arbeiten und ehrlich ihr Brot verdienen. Mit fast allen, die auf der Liste stehen, habe ich in den vergangenen Monaten korrespondiert oder gesprochen. Die meisten freuten sich auf das Treffen, doch einige wiesen mich brüsk ab. Sie fürchteten die Störung ihres Seelenfriedens, ja, allein der Gedanke, ihr Gleichgewicht zu verlieren, regte sie auf. Vielleicht glauben sie, verdrängen sei besser als erinnern? In seelischen Belangen bin ich ein Laie, aber ich kann mich des Eindrucks nicht erwehren, daß die Männer, die diese Konfrontation meiden, nicht sehr glücklich sind.

Hier sind wir also, fünfundvierzig Jahre nach der Katastrophe. Fast jeder von uns ist verheiratet und hat Kinder, einer sogar schon Enkel. Heute feiern wir unser Überleben!«

Ein wenig unbehaglich sitzen wir auf unseren Stühlen. Johns Worte wiegen schwer. Wir sind nicht gewöhnt, in dramatischen Begriffen über uns selbst zu denken. Knappe Worte und schwarzer Humor sind ein besserer Schutzwall.

Dov, der jüngste und auch kleinste Teilnehmer, seit einigen Jahren Dozent für moderne jüdische Geschichte an der Universität von Jerusalem, ist nervös. Leise, mit belegter Stimme entschuldigt er sich, daß er den Bericht über seine Forschungen vorlesen werde, und zwar auf Englisch, und daß er, seiner Gewohnheit folgend, stehen bleiben möchte.

Er zieht einen gefährlich dicken Stapel getippter Seiten aus der Tasche und bittet um Nachsicht, daß er an den Vorbereitungen für unser Treffen nicht habe teilnehmen können. Er dankt den Organisatoren, erwähnt seinen Hochschulkollegen Pavel B., der erstmals seit dem Prager Frühling in 1968 seine wissenschaftliche Arbeit wieder aufnehmen konnte, setzt eine Lesebrille auf und nimmt dann doch Platz.

Nach wenigen Worten erkenne ich den Text. Die Abhandlung, die er mit gleichmäßiger, ungerührter Stimme vorträgt, hat mich bereits vor Jahren zu weiteren Nachforschungen angeregt. Zu der historischen Kulisse unseres Aufenthaltes im Familienlager Auschwitz-Birkenau ist nichts Neues hinzugekommen. Mengeles Selektionen im Juli 1944, die Vernichtung dieser Lagereinheit und die Hintergründe des mit unserem Leben eng verwobenen Dramas sind zusammen mit den Nummern in unser Gedächtnis tätowiert. Dovs sanftes und freundliches Gesicht ist eine undurchdringliche Maske. Meine Nachbarn haben allesamt den Blick nach innen gekehrt. Einige scheinen zu schlafen. Meine Gedanken schweifen ab, nicht aus Langeweile, sondern um mich zu schützen vor dem, was meine Seelenruhe zu stören droht. Was wollen wir hier beisammen? Auf gar keinen Fall unsere Erinnerungen auffrischen. Die Tatsachen sind uns bekannt. John hat sie nicht angerührt und sich hinter Regeln und Förmlichkeiten verschanzt. Dov kühlt sie ab mit dem Löschwasser der Wissenschaft, und ich konzentriere mich auf das Wunder unserer Auferstehung nach dem Krieg.

Hinter der Glastür höre ich gedämpftes Reden. Dov unterbricht seine Beweisführung. Durch die halb geöffnete Tür tritt Sinai A., in rabenschwarzer Rabbinertracht. Unter dem breitkrempigen Hut schaut er milde lächelnd in die Runde und nickt. Seine Frau, die ihm auf dem Fuße folgt, trägt seine Aktentasche. Mit der modernen Brille und dem kurzen Bart sieht er jünger aus als vor acht Jahren bei unserer ersten, etwas steifen Begegnung. Er umarmt mich, setzt sich hin und gibt Dov ein Zeichen fortzufahren. Die apathische Stimmung ist umgeschlagen. Die Aufmerksamkeit richtet sich kaum merklich auf Sinai, *unseren* Rabbiner; der Glaube inmitten der Zweifel.

Dov faßt den Rest seines Vortrags kurz zusammen und überläßt mir den Platz. Müder Applaus begleitet ihn zu seinem Stuhl.

John besteht darauf, mich vorzustellen und einen Brief des ernsthaft erkrankten und deshalb abwesenden Ludek vorzulesen. Er wird doch nicht über meine Begegnung mit Ludek sprechen, dem peinlichsten Moment meiner Suche? Meine Schläfen klopfen in der Vorahnung drohender Indiskretionen.

Er liest vor, weckt Erinnerungen an meine Ankunft in Toronto und sagt anschließend, ohne mich anzusehen: »Ludek erkannte Gerhard sofort, was umgekehrt nicht der Fall war. Ludeks Gedächtnis ist schärfer als das der meisten von uns. Bei ihrem Treffen beschrieb er eine Szene aus dem Männerlager im August 1944, von der er und vielleicht auch andere von uns Zeuge waren. Es war nach dem Abendappell, als etwa zehn Jungen des Rollwagenkommandos im Feuerlöschteich am Lagereingang Kühlung suchten. Ein paar SS-Leute stellten sich an den Rand, machten Späße und warfen Steine und Schlammklumpen ins Wasser. Als sie bemerkten, daß Gerhard nicht gut schwimmen konnte, stießen sie ihn mit langen Stangen von der Kante zurück, sobald er versuchte, aufs Trockene zu gelangen. Sie wollten ihn ertrinken lassen und er schrie vor Todesangst ... Gerhard hatte den Vorfall offenbar vergessen oder verdrängt; er wurde leichenblaß und wankte in die Küche ...«

Unerklärliche Scham überfällt mich bei Johns Worten. Insgeheim verwünsche ich ihn, ermanne mich aber und nehme äußerlich unbewegt den Platz am Tisch ein. Ein spontanes Gespräch aller mit allen ist bislang nicht zustandegekommen, und auf eine Rede habe ich mich nicht vorbereitet. Das Wohlwollen, das mir entgegenschlägt, verjagt meine Bedenken. Ich erzähle von meinem jahrzehntelangen Schweigen und von meiner Suche. Ich spreche von den vergeblichen Versuchen, unser Überleben zu begreifen, und frage mich, wie es möglich war, daß wir uns nach dem Krieg wieder einigermaßen im Leben zurechtfanden. Meine Freunde hören gespannt zu. Sie erkennen sich selber in meinen Fragen, in meinen Zweifeln und in meiner Hoffnung. Die Beklemmung ist gewichen. Als Pavel B. mich auf Johns Ersuchen ablöst, ist das Tabu für Tränen gebrochen.

Pavels Stimme klingt verschleiert vor Bewegung. Fünfundvierzig Jahre hat er praktisch nichts von uns gewußt. Gottwald, Husák und die anderen Machthaber hatten das Leben der Intellektuellen gleich ihm vergiftet. Für ganz kurze Zeit schien der Prager Frühling seine Versprechen einzulösen. Von Pavels Fach, der zeitgenössischen Geschichte, blieb nur ideologische Propaganda. Da er Heilslehren ablehnte, wurde er aus dem Amt an der Universität entlassen und vertauschte gezwungenermaßen die Kopfarbeit mit Handarbeit.

Seine Hände und Finger bewegen sich nervös, als wollten sie Ton zu Worten kneten. Seine Züge verraten tiefe Bewegtheit, die er zu verbergen trachtet, indem er auf die Tischplatte starrt.

Nicht als Historiker, wie Dov, will er hier sprechen. Er ist fasziniert von unserem Leben nach dem Untergang des Familienlagers und nach dem Krieg. In seinem Suchen erkenne ich mein Suchen, nur mit dem Unterschied, daß er trotz alledem zum Glauben zurückgekehrt ist, und ich diesen Frieden nicht annehmen kann und will.

»Ich habe jahrelang darüber nachgedacht: Die Last, die wir tragen, ist nicht die des Jüdisch-Seins, sondern die des Mensch-Seins. Es ist unsere moralische Pflicht und Mission, die Erinnerung an die Shoah lebendig zu erhalten und weiterzutragen, damit die Menschheit eine Lehre aus der Vergangenheit ziehen kann.« Pavel atmet rasch und stoßweise. Seine Stimme ist heiser, als er fortfährt: »Ich bin in Prag geblieben, weil meine Familie dort schon mehr als sechs Jahrhunderte ansässig ist. Ich habe Geschichte und Philosophie studiert, um unsere unbegreifliche Vergangenheit zu begreifen. Unsere Geschichte ist so einzigartig, daß wir sie pflegen und uns in sie vertiefen müssen. Obwohl dieses Land mir heilig ist: Unser Platz ist unter den anderen Völkern. Wenn Israelis das Judentum verleugnen, ist das eine Katastrophe. Aber wenn die Juden, wenn wir die Welt dort draußen verleugnen, ist das nicht minder schlimm.«

Bleich, mit gekrümmten Schultern geht er zu seinem Platz zurück. Manche nicken zustimmend oder applaudieren sogar. Sinai schüttelt mißbilligend den Kopf und schaut verstört vor sich hin. John bittet ihn, vorn am Tisch Platz zu nehmen, doch der Rabbiner bleibt vor seinem Stuhl stehen. Alle Augen sind auf ihn gerichtet.

»Boruch Haba Be'schem Haschem: Gesegnet sei euer Kommen im Namen des Herrn.« Er gebraucht den uralten Willkommensgruß für die Besucher von Jerusalem und entschuldigt sich gleich darauf für das verhaßte Deutsch, das er sprechen wird. Übersetzungen bilden immer Barrieren bei einer Begegnung, und Begegnung ist das Ziel unserer Reise an diesen Ort. Über sich selbst spricht er kurz: Er hat die Todesmärsche überlebt und wurde mit anderen aus unserer Gruppe befreit. Schon wenige Monate später wanderte er aus Prag nach Palästina aus, studierte an einer Jeschiwa und stieg auf zum Oberrabbiner der Stadt Ashdod. Heute bildet er selber Rabbiner für dieses Amt aus und hofft, daß seine Kindeskinder einmal denselben Weg gehen werden.

Seine Geschichte tut er ab, als sei sie nur eine Fußnote. Dann richtet er sich auf und sieht uns ernst, mit bohrendem Blick an. Seine Stimme wird lauter, kräftiger: »Daß nach dem Holocaust noch immer Juden in der Diaspora leben, ist für mich ein Greuel. Erinnern genügt nicht. Wir müssen unsere Lektion aus der Shoah lernen: Nicht nur die Nazis sind verflucht, sondern das ganze deutsche Volk. Sie haben ihre klügsten Köpfe eingesetzt, um uns zu töten. Aber auch die anderen Völker haben schwere Schuld auf sich geladen. Sie blieben passive Zuschauer. Sie haben beide Augen zugedrückt und zugelassen, daß man versuchte, uns von der Erde zu vertilgen. Wir sind ein gehaßtes Volk, und dieser Haß ist unausrottbar.« Sinai blickt zur Zimmerdecke und hebt die Arme zum Himmel: »Und jetzt, da wir unser eigenes Land haben, wie sollten wir darin nicht leben wollen? Der Herr, der Frieden stiftet in seinen Himmelshöhen, stifte Frieden unter uns in Israel und in der ganzen Welt! Amen.«

Eine Decke der Stille senkt sich über den Saal. Ich bin verunsichert und verwirrt wie nach einer unverdienten Rüge. Andere sehen schockiert um sich und suchen Rückhalt in den Augen der Gefährten. Die Lehre, die der Rabbiner aus der Vergangenheit zieht, ist nicht die meine und nicht die der meisten Freunde. Sein Standpunkt ist noch genau so weit von dem meinen entfernt wie vor acht Jahren in Jerusalem.

Ernst rutscht unruhig auf dem Stuhl hin und her. Er legt die Kamera auf den Schoß seiner Frau und steht schon vorn, als John ihn vorstellen will. Vom Tisch aus blickt er zufrieden in die Runde und versichert, er werde sich kurz fassen, weil es ihm schwerfällt, über die Vergangenheit zu reden. Ich erwarte einen langen Monolog.

Er stolpert über seine Worte. Deutsche Ausdrücke detonieren im Rahmen amerikanischer Sätze. Er dankt nochmals für das Zusammentreffen und fährt mit schwankender, rauher Stimme fort: »Ich weiß nicht, ob es eine Vorsehung gibt, aber wenn ich euch hier alle zusammen vor mir sehe, mit einer guten Ausbildung und aus allen Ecken der Erde herbeigekommen, so danke ich Gott.« Er wiederholt sein Versprechen, sich kurz zu fassen, und läßt seinen Erinnerungen hastig und leidenschaftlich freien Lauf.

»Ich bin in Österreich, in der Nähe von Wien geboren. Wir wurden mit der ganzen Familie nach Theresienstadt ›abtransportiert‹. Murmelstein sagte im Mai 1944, unsere Familie sei zu groß: ›Wir müssen euch leider nach Auschwitz schicken.‹ In der Schusterwerkstatt hatte ich mir eine Verbrennung dritten Grades zugezogen, meine Mutter war kurz zuvor operiert worden und mein Vater konnte nicht mehr gehen. Trotzdem mußten wir auf Arbeitstransport.« Er schaut vor sich hin und spricht wie in Trance weiter: »Ich habe Essenkübel geschleppt, um sie dann auslecken zu dürfen. Mutter schlich nachts aus ihrer Baracke, um Vater ein Stückchen von ihrem Brot zu bringen. Was die Flammen aus den Schornsteinen der Krematorien bedeuteten, wußte ich nicht. Was darüber erzählt wurde, glaubte ich nicht. Als Mengele uns im Juli 1944 selektierte, versuchte ich meinen kleinen Bruder bei mir zu behalten, aber er schickte ihn zurück. Mein Vetter Walter wollte zu seiner Familie laufen. Er begriff nicht, welches Unheil über unserem Kopf hing. Ich zwang ihn, bei mir zu bleiben und hielt ihn fest, obwohl er sich wehrte und mich beschimpfte. Wir blieben bis zur Befreiung zusammen und halfen uns gegenseitig, am Leben zu bleiben. Unsere Verwandten sind alle umgekommen.« Ernst kann die Tränen nicht zurückhalten und spricht mit erstickter Stimme: »Als die amerikanischen Bomber im September 1944 Birkenau überflogen, flehte ich zu Gott, er möge uns sterben lassen. Nicht eine Bombe fiel auf uns, auf die Krematorien oder Bahngeleise. Vor einem halben Jahr habe ich Auschwitz besucht mit Zwillingen, die Mengeles Experimente überlebt hatten. Zum ersten Mal sah ich, daß es in der Umgebung des Lagers Dörfer gab. Kein Mensch hat uns damals geholfen.

Ich erinnere mich an den Aufstand des Sonderkommandos, dem keiner lebend entkam, und ich erinnere mich auch, daß die Todesmärsche schon begonnen hatten, bevor die Russen Auschwitz befreiten. Gemeinsam mit Walter wurde ich in einen Waggon mit zweihundert anderen gepfercht. Nichts zu essen, nichts zu trinken, außer, nehmt es mir nicht übel, Urin. Als wir in Buchenwald ankamen, hatten höchstens zwanzig Menschen pro Waggon die Fahrt überlebt. Und bei der Entlausung in der Eiseskälte sind noch weitere umgekommen.« Ernsts Gesichtszüge entspannen sich, als er sagt: »Tony, unser Blockältester, ein tschechischer Kommunist, versuchte uns zu beschützen. Als die SS in unserer Baracke nach Juden suchte, fuhr Tony sie an: ›In meinem Block gibt's keine Juden.‹ Als sie am nächsten Tag wiederkamen, versteckte er uns in der Kanalisation. Dort haben wir auf unsere Befreier gewartet.«

Wieder schießen ihm die Tränen in die Augen: »Wir sind hier mehr als zehn Männer, einer von uns ist sogar Rabbiner. Laßt uns Kaddisch sagen für unsere Angehörigen. Ich danke euch.«

Schweigend und bewegt schauen wir vor uns hin. Kühl durchbricht John die Spannung und fragt Misha K., ob er jetzt oder nach der Lunchpause das Wort ergreifen wolle, doch Yehuda, der nachmittags wieder zur Arbeit muß, unterbricht ihn. Auch er bedankt sich für unser Treffen und schlägt vor, in zwei Jahren wieder zusammenzukommen, aber dann in Prag. John stimmt ihm zu. Ernst protestiert jammernd: »Nicht in Prag, in Auschwitz und Birkenau müssen wir uns treffen. Das sind wir den Toten schuldig, darauf haben sie ein Recht.«

Protestgemurmel kommt im Saal auf. John übergeht Ernsts Vorschlag und kleidet unsere Gefühle in Worte mit dem Satz: »Freuen wir uns an dem Heute«, doch Ernst beharrt darauf: »In Birkenau erinnert nichts mehr daran, was mit unseren Familien geschehen ist. Nicht einmal das Wort ›Juden‹ steht noch im Stein gemeißelt. Und so ist es auch in Theresienstadt. Alles ist weg, sogar die Geleise, auf denen die Züge nach Osten fuhren. Als ich von jener Reise zurückkam, war ich krank vor Trauer und Schwermut. Sie haben den Mantel des Schweigens über die Shoah gebreitet.«

Michael und John protestieren: Havels Attaché habe gestern erklärt, nun seien andere Zeiten angebrochen! Und im Polizeimuseum in Theresienstadt werde eine Gedenkstätte eingerichtet!

Ein Wirrwarr von Wünschen und Meinungen rauscht durch den Saal. Sinai hält sich abseits. Er erhebt sich und setzt den großen schwarzen Hut ab. Auf seinem Hinterkopf sitzt das Samtkäppchen der Orthodoxen. Die Gespräche verstummen. Wir schieben die Stühle zurück, so daß nach Osten ein freier Raum entsteht. Jeder sucht nach einer Kopfbedeckung. Nur wenige von uns setzen ein richtiges Käppchen auf, in bunten Farben gehäkelt oder in Schwarz mit Silberfäden. Die meisten, darunter auch ich, müssen sich mit Taschentüchern, Sonnenhüten oder aus Karton gefalteten Hütchen behelfen. Über das Stimmengewirr erhebt sich Sinais Stimme mit dem Gebet für die Toten. Die ersten Worte sind das Signal für Stille. Es bleibt nur

die Bewegung der Lippen, das Senken der Köpfe zu den mitge-
murmelten Worten.

Thomas, der als assimilierter Jude seit vierzig Jahren in
Deutschland lebt und arbeitet, hat nur seine Hand, um den Kopf
zu bedecken. Er tut es zögernd, um keinen Anstoß zu erregen,
überlegt es sich jedoch und nimmt die Hand nach vorgeschütztem
Kratzen wieder vom Scheitel. Wie ein Magnet zieht das Kaddisch
unsere Gefühle in die Vergangenheit. Die Furchen in den Gesichtern um mich herum scheinen tiefer als vorhin. In unseren Augen
stehen Tränen. Fast übergangslos bricht nach dem »Omen« das
Heute in uns durch: Wir strömen zur Tür hinaus, ins Licht, zum
Lunch, zum alltäglichen Leben.

Leichtfüßig, als sei eine Last von uns genommen, gehen wir durch
den sonnenüberfluteten Park mit den vielen bunten Blumen zum
modernen Gemeinschaftsgebäude, in dem der große Eßsaal und
die Küche untergebracht sind. Alle Kibbuzniks, auch die steinal-
ten Pioniere, essen dort bereits an langen Tischen. Wir stehen mit
den Tabletts vor dem langen Selbstbedienungsbuffet aus rostfreiem Stahl, auf dem eine Fülle mir unbekannter, aber appetitlich
aussehender Gerichte ausgestellt ist.

Misha und Ilana stehen hinter mir. Er legt die Hand auf meine
Schulter und erkundigt sich flüsternd, ob es mir auch so gehe, immer diese Angst und Panik beim Warten in einer Schlange auf
Speisen oder irgend etwas anderes. Unsicher verneine ich, doch
dann erinnere ich mich an die wilde Wut, die ich früher bei ähnlichen Gelegenheiten empfand.

Keine halbe Stunde später sitzt Misha vor uns im kleinen Saal. Mit
kindlich verlegenem Lächeln schaut er sich um. Die runde Brille,
der gekrümmte Rücken, das magere Gesicht und der kleine englische Schnurrbart verstärken den Eindruck eines geistig kreativen

Mannes, obwohl er seine Laufbahn als namhafter Architekt schamhaft verschweigt.

Aus der Tasche zieht er einen kleinen Stapel Papiere und ein altes, vergilbtes Merkheft. Er legt alles ordentlich nebeneinander, spielt nervös mit dem Kugelschreiber und sagt leise: »Mein Tagebuch ist das Bindeglied zur Vergangenheit. Ein paar Wochen nach der Befreiung habe ich es auf Anraten eines Militärpsychiaters in einem Sanatorium in der Tatra geschrieben. Wolfie, der heute Sinai heißt, hat eine Tasche voll Hefte und sein altes Notizbuch hierher mitgebracht. Wir haben die Hefte damals zusammen im selben Geschäft gekauft. Das Papier ist brüchig und vergilbt. Der Preis, fünfzehn Kronen, steht noch drin. Gestern vor fünfundvierzig Jahren wurden die meisten von uns in Gunskirchen befreit. So alt sind unsere Hefte. Als Gerhard zu uns nach Boston kam, nahm ich es zum ersten Mal seit langer Zeit aus der Schublade, weil er auf Dinge zu sprechen kam, an die ich mich nicht mehr erinnern kann. Noch immer habe ich das Gefühl, als läse ich einen Bericht über das Leben eines anderen.

Sogar die Fotos sind mir fremd. Yehuda hat ein Gedächtnis wie eine Kamera. Ganz im Gegensatz zu dem meinen. Das hängt mit seinem Künstlerberuf zusammen. Mir fehlt diese Eigenschaft, und ich frage mich oft, ob mich mein Gedächtnis nicht betrügt. Ist das Bild, das mir von meinen Eltern geblieben ist, nichts weiter als ein Foto? Kann Amnesie durch das Lesen und Hören unserer Geschichten geheilt werden?

Das Tagebuch ist mein Gedächtnis, obschon es ein paar Dinge gibt, an die ich mich vage erinnere. Aber warum sage ich euch das? Weil in mir zwei entgegengesetzte Wünsche leben. Ich möchte mit den Erfahrungen und Geschichten der anderen die weißen Stellen in meiner Vergangenheit auffüllen und habe zugleich Angst, daran zugrunde zu gehen. Die Frage, ob es einen Sinn hat, das Elend wieder wachzurufen oder ob ich gleichgültig daran vorbeigehen darf, hat mich lange gequält. Ich bin zu dem Schluß gekommen, daß wir die Träger einer Geschichte sind, und wir sind verpflichtet, sie weiterzugeben, damit die Welt sie nicht vergißt. Als Gerhard in Boston war, hat er mich zu Elie Wiesel mitgenommen. Die freundschaftliche Unterhaltung mit diesem empfindsamen und großartigen Mann hat mich in der Meinung bestärkt, daß diese Aufgabe uns auferlegt ist.

Einige von uns wollen oder können diese Mission nicht auf sich nehmen. Sie sind heute nicht anwesend, aus Angst vor der Konfrontation, aus Angst, das mühsam erlangte Gleichgewicht zu verlieren. In meinem Tagebuch erwähne ich einen Freund, der wie ich als ›Läufer‹, als Laufjunge, in Birkenau arbeitete. Ein hübscher blonder Junge. Er wohnt ebenfalls in Boston und weiß fast noch alles, spricht aber fast nie darüber. Er hat Angst, die Vergangenheit heraufzubeschwören, und versucht, sich und seine Familie davor zu schützen. Wer will ihm das verübeln oder ihn verurteilen? In unserer Gruppe gibt es vielerlei Varianten. Einige glauben, daß wir in Israel leben müssen und daß nur der Glaube uns retten kann. Andere können und wollen sich nicht damit abfinden, daß Gott geschehen ließ, was geschah, und manche leugnen sogar, daß er existiert. Ich bringe die Disziplin nicht auf, systematisch in meiner Vergangenheit zu graben. Ich lese und schreibe nicht darüber, bewundere aber alle, die das tun. Hier und heute sehe ich ein, daß wir unsere Erfahrungen den kommenden Generationen weitergeben müssen.«

Misha hält inne, bevor er weiterspricht. Wir hören still und erwartungsvoll zu, lassen ihn noch nicht los. Sein Blick ist nach innen gekehrt, die Stimme tonlos: »Die Älteren haben vermutlich mehr unter dem Grauen gelitten als wir. Sie fürchteten nicht nur für ihr eigenes Leben, sondern auch für das unsere. Das kindliche Gemüt, das wir trotz allem noch besaßen, entrückte uns manchmal der täglichen Wirklichkeit. Erzieher wie Freddy Hirsch halfen uns dabei. Als er Selbstmord beging, in dem Wissen, daß wir rettungslos verloren waren, kam das der Katastrophe gleich. Vielleicht hat der eine oder andere von uns etwas von jener Kinderwelt festhalten können?

Schon in Theresienstadt hatte Freddy Jugendliche vor der Verwahrlosung gerettet. Ich erinnere mich an die Frustration und den Neid, die ich gegenüber den Bewohnern des Jugendhauses L 417 empfand, die er zu einer geschlossenen Gruppe zusammengeschmiedet hatte. Einige von euch hatten das Glück, jener Elite, dem ›Harvard‹ von Theresienstadt, anzugehören. Als ihr euch hier zusammenfandet, kamen die Gefühle aus der Kindheit bei mir wieder hoch. Die Bande, die damals geknüpft wurden, sind stärker als die Bindungen, die man im späteren Alter eingeht. Ich danke Yehuda und Gerhard, die es ermöglicht haben, unsere Kontakte nach jahrelangen Irrfahrten zu erneuern und zu vertiefen.«

Während wir klatschen, steht er auf, überlegt es sich dann anders, setzt sich noch einmal und blickt entspannt, als sei eine Last von ihm abgefallen, in den Saal:»Im Museum hier gegenüber habe ich eine Karte gesehen, auf der angegeben ist, wie viele Juden aus den besetzten Ländern Europas deportiert wurden und auf welchen chaotischen Wegen die Nationalsozialisten sie von Lager zu Lager verschleppt haben. Ich werde für uns eine ähnliche Karte zeichnen und unsere Irrfahrten nach dem Krieg durch die Länder und Erdteile darauf eintragen. Ich rechne mit eurer Mitwirkung!«

Misha nickt dem Saal zu und geht zu seinem Platz, doch noch ehe er sitzt, beginnt John wieder Briefe von den »Jungen« vorzulesen, ohne sich und uns Zeit zur Besinnung zu gönnen.

Die Namen klingen mir unbekannt in den Ohren. Sie haben nie auf meiner Liste gestanden. Bestürzt höre ich zu, höre die Stimmen im Saal, die einander überschreien, wenn Überlebende genannt werden, die sie gesehen oder gesprochen haben oder von denen sie über Dritte etwas erfahren haben. Minutenlang gleicht der

Saal einer Tauschbörse von Briefmarkensammlern, die nach seltenen Exemplaren fahnden. Mit Mühe verschaffe ich mir Gehör und frage, ob all diese geretteten Abwesenden Überlebende aus unserer Gruppe waren.

Die Aufregung verebbt. Die Realität ist ernüchternd. Es sind Altersgenossen, die die Insassen der Jugendhäuser von Theresienstadt gekannt oder die das Familienlager mit früheren Transporten verlassen haben. Da begreife ich, was der Ausbruch bedeutet: Das Bedürfnis, uns selber zu trösten in der schmerzlichen Einsamkeit unseres Überlebens.

Die Ordnung im Saal zerbröckelt. Lauthals versucht jeder jedem zu erzählen, was ihm widerfahren ist. In scheinbar sachlichen Berichten, wenn auch manchmal mit überschlagender Stimme, beschwören einige die grauenhaften Erinnerungen an die Todesmärsche im Winter 1944–45 herauf oder erzählen von ihrer Befreiung, die beinahe zu spät kam.

Die Stimme von Michael H. durchdringt das Chaos. Beim ersten ruhig ausgesprochenen Satz: »Ich war Laufjunge bei Mengele auf der Krankenstation«, halten alle schlagartig den Mund. »Zweimal wöchentlich kam er in die Baracke im hinteren Lager und setzte mich mit allerlei Aufträgen in Trab. Im Laufschritt mußte ich Gummihandschuhe oder Ammoniak für ihn holen, oder er schickte mich mit einem Brief zu seiner Assistentin, der dicken Bertha im Zigeunerlager. Nie habe ich ein Wort zu ihm gesagt, und er hat mich wegen Kleinigkeiten im Befehlston angeschnauzt.

Es gab einen jüdischen Arzt, vor dem Mengele offensichtlich Achtung hatte. Er sprach ihn mit »Herr Kollege« an. Es war ein berühmter deutscher Professor der Kinderheilkunde, Eppstein hieß er. Mengele ließ ihn Operationen ohne Narkose ausführen. Äther gab es nicht mehr.« Michael bewegt den Kopf, wie um die Bilder abzuschütteln, und fährt fort: »Mit meinen Söhnen kann ich nie darüber reden. Sie wollen nichts, aber auch nichts von meinen Lagerjahren hören. Ich suche jetzt nach meinen Vorfahren, meinem Stammbaum berühmter Rabbiner in Polen. Vielleicht wollen sie lieber davon hören oder lesen. Obwohl, die vielen Pogrome ...? Jedenfalls ist diese Geschichte nicht so erniedrigend wie die meine.«

Michaels Worte haben mich aus der Fassung gebracht. Ich versuche mich zusammenzunehmen und meinen eigenen Gespenstern Schweigen aufzuerlegen, aber es will mir nicht gelingen. Eine Frage brennt mir schon seit Jahren auf der Zunge. Wenn sie überhaupt irgendwo gestellt werden kann, dann hier: »Warum sind wir, ausgerechnet wir, als alle anderen im Familienlager zum Tode verurteilt wurden, von Mengele ausselektiert und ins Männerlager gebracht worden?«

Einen Augenblick herrscht Stille, als hätte ich ein Tabu verletzt. Ich warte auf Antwort, habe aber nicht die Absicht, meine eigene Theorie darzulegen. Bachner brummt, ein Zeuge habe während der Nürnberger Prozesse ausgesagt, in den anderen Lagern habe es nicht genügend Laufjungen gegeben, doch Elimelech L. wendet ein, wir sollten wohl zu gegebener Zeit gegen deutsche Kriegsgefangene ausgetauscht werden.

Michael H. lehnt sich in seinem Stuhl zurück und ergreift das Wort: »Auch ich habe mir über diese Frage den Kopf zerbrochen, aber keine überzeugende Antwort gefunden. Die Deutschen handelten selten spontan ohne Plan oder Absicht. Als ich mit euch zusammen in Block 13 des Männerlagers einzog, konnte ich, weil ich polnisch sprach, bald Kontakt zu den Männern des Sonderkommandos in Block 11 aufnehmen. Sie versorgten mich reichlich mit Nahrung und Kleidern, die sie aus den Gaskammern schmuggelten. Einer von ihnen, Gele, überredete mich, so rasch wie möglich aus Block 13 zu verschwinden und zu versuchen, in einem anderen Lagerkommando unterzutauchen.

Viele von euch hatten solche Beschützer. Sie adoptierten uns gleichsam. Wir waren die Stellvertreter ihrer ermordeten Kinder. Wenn sie von der Arbeit an den Verbrennungsöfen zurückkamen, waren sie innerlich gebrochen und weinten oder starrten blicklos vor sich hin.

Ich habe damals nicht begriffen, warum Gele mir diesen Rat gab. Jetzt glaube ich es zu wissen: Er fürchtete, die Deutschen könnten uns als Geiseln mißbrauchen, um die Männer des Sonderkommandos unter Kontrolle zu halten. Nach ihrem Aufstand im Krematorium III, als alle den Tod gefunden hatten, waren wir plötzlich wieder vogelfrei.«

Die Gesichter sind blaß. Der Alptraum hat den Tag eingeholt. Am liebsten würde ich aus dem Saal fliehen, aber weil ich weiß, daß es keinen Sinn hat, ergreife ich das Wort und trage meine eigene Meinung vor.

Willy Bachmann, der Lagerälteste des Familienlagers, ein deutscher »Grünwinkel« – ein Verbrecher, der wegen Mord und anderen Delikten einsaß – bekleidete seine prominente Funktion aufgrund seiner »germanischen Rassereinheit«. Eitel, tadellos gekleidet in sportlichem Reitkostüm und Stiefeln, die aus den Koffern und Rucksäcken beraubter und getöteter Häftlinge stammten, herrschte er ohne Mordlust und Sadismus über das Lager. Sein Verhältnis zu den SS-Offizieren war gut, das Ausmaß der Korruption »normal«. Wie man munkelte, hatte Willy eine jüdische Freundin. Über Schwarzhuber, den Kommandanten von Birkenau, ging dasselbe Gerücht. Als im Juli 1944 nach den Selektionen und nach den Transporten noch siebentausend zurückgebliebene Frauen, Kinder und alte Menschen auf ihren Untergang warteten, flehten die beiden jüdischen Frauen ihre deutschen Freunde an, wenigstens einigen Jugendlichen eine Chance zum Überleben zu geben. Schwarzhuber gab der Bitte offenbar Gehör, er ließ uns zur Selektion antreten und geriet dadurch in Konflikt mit Mengele, der selber zu entscheiden wünschte.

»Neunundachtzig Jungen passierten damals die Grenze vom Tod zum Leben. Wir sind der klägliche Rest.«

Erschöpft und vor Erregung zitternd setze ich mich. Ich warte auf Widerspruch, auf Ergänzung. Nichts. Ich habe das Verbotene angerührt.

Beim Fenster sitzt der weißhaarige, weißbärtige Thomas F. Das Gesicht gerötet, der Atem geht schwer und schnell. Tonlos und hart kommen die Worte aus seinem Mund: »Ich war Willys Laufjunge. Er hat mich an Mengeles Selektion vorbei über die Lagerstraße hinausgeschmuggelt und ins Männerlager gebracht. Seine Freundin war meine Cousine. Ich will nicht, daß ihr über sie sprecht.«

Hinter mir im Saal wird ein Name gerufen. »Jawohl, sie lebt noch«, schreit Thomas außer sich. »Begreifst du es endlich?« Ich bin entsetzt. Die Wahrheit ist noch viel grausamer, als ich vermuten konnte.

Der Bann, in dem Thomas' Enthüllung uns gefangenhält, wird durch die helle Stentorstimme von John gebrochen. Dankbar höre ich seine Bitte um zwei Minuten Stille für unsere Freunde, die für immer dortgeblieben sind. Geläutert nehmen wir Abschied, traurig, aber auch erleichtert: Kameraden, die einander ein Memento mori sind.

Das Gebot des Lebens

Meine Suche endete in einem Wald von Fragen. Wie haben wir überlebt, wie konnten wir nach der Katastrophe weiterleben? Überzeugende Antworten gibt es nicht. Jede Antwort führt zu neuen Fragen.

Thesen von Bruno Bettelheim, dem Psychotherapeuten, der 1938 und 1939 in den Konzentrationslagern Dachau und Buchenwald inhaftiert war, haben lange Zeit das Denken über das »surviving« bestimmt. Die extremen Verhältnisse in den Lagern, der massive Terror durch die SS und ihre Helfer, die ständige Lebensgefahr, die grausamen Mißhandlungen, die schwere Arbeit, der Hunger und das Massensterben haben seiner Meinung nach eine Infantilisierung der Gefangenen bewirkt, sie entpersönlicht und zu willenlosen Geschöpfen degradiert, die sich wie Schafe abschlachten ließen oder, wenn sie die ersten Wochen der Internierung überlebt hatten, sich mit ihren Schergen identifizierten.

Meine eigene Erfahrung, die Lektüre von Autobiographien und lange Gespräche mit meinen Schicksalsgefährten haben mich in der Überzeugung bestärkt, daß Bettelheims Vorstellungen zu einfach sind und uns zu erbärmlichen Karikaturen machen.

Das Bild von den Gefangenen, die sich willenlos und ohne Anzeichen von Protest oder Widerstand den Gewaltherrschern ergeben, stimmt nicht in der Verallgemeinerung. Der Widerstand im Lager, ob organisiert oder spontan, äußerte sich ganz anders, als sich das ein romantisierender Außenstehender vorstellt: Ein heroischer Kampf gegen die Machthaber, ein Aufstand mit oder ohne Waffen war praktisch unmöglich und kam sehr selten vor. Widerstand und Verteidigung nahmen andere Formen an. Es gab viele, die die Gewalt nicht einfach über sich ergehen ließen und die nicht vergaßen, wer sie waren. Sie versuchten zwischen Scylla und

Charybdis zu lavieren, indem sie die Schrecken nicht ins Bewußtsein durchdringen ließen und kleine solidarische Gruppen bildeten; sie begingen kleine Sabotageakte und witterten jedes Anzeichen von Gefahr. Anstatt die sogenannte Überlebensschuld der ehemaligen Gefangenen zu erleichtern, fachen solche romantische Vorstellungen über den Widerstand das Schuldgefühl geradezu an.

Wer etwas von der Lageratmosphäre begreifen will, kommt nicht umhin, den Zweck, zu dem die Nationalsozialisten die Lager errichtet hatten, zu untersuchen.

Nach der Wannsee-Konferenz am 20. Januar 1942 war über den endgültigen Zweck der Konzentrationslager keine Täuschung mehr möglich: die Vernichtung aller jüdischen Häftlinge sowie aller Menschen, die in den Augen der Machthaber minderwertig oder staatsgefährdend waren. Es kann darum nicht deutlich genug gesagt werden: Wäre die Befreiung durch die Alliierten im Jahre 1945 noch später erfolgt, so hätte kaum jemand die Lager überlebt.

Nachdem die Nationalsozialisten im Januar 1933 an die Macht gekommen waren, ließen sie sehr bald eine Anzahl von Konzentrationslagern errichten, die damals noch der SA unterstanden. Ein Beispiel dafür war das Columbia-Haus in Berlin, das der unmittelbaren Leitung Görings unterstellt war. Kommunisten, Sozialisten, aber auch mißliebige Genossen aus den eigenen Reihen, politische Funktionäre und Juden wurden hier von der Welt abgesondert, gefoltert und getötet. Viele wurden von hier in die frühen Konzentrationslager verschleppt. Seit 1933 entstanden die Lager Dachau, Buchenwald, Sachsenhausen-Oranienburg, Flossenbürg; erst nach 1939/1940 wurden die Massenvernichtungslager Treblinka, Sobibor und Auschwitz errichtet.

Der Bau jedes Konzentrationslagers kostete Tausende von Gefangenen das Leben. Sie wurden vom Reichssicherheitshauptamt an Orte dirigiert, wo sie gewissermaßen aus dem Nichts, ohne ausreichende Nahrung, ohne Wetterschutz und sanitäre Einrichtungen, ihre eigenen Kerker bauen mußten. Das »univers concentrationnaire«, wie David Rousset es nannte, wucherte wie ein giftiger Pilz.

Zu den wichtigsten Funktionen dieser Orte des Schreckens gehörte der exemplarische Terror. Allein die Existenz dieser Orte war eine ständige Drohung für jeden, der seine Seele nicht den Nazis verkauft hatte. Das heißt nicht, daß die Bevölkerung in den Anfangsjahren über den Umfang der Greueltaten genau Bescheid gewußt hätte. Die entlassenen Häftlinge, solche gab es noch vor 1939, standen unter der ständigen Kontrolle der Gestapo und durften nicht über die Hölle berichten, in der sie gelitten hatten. Manche von ihnen verschwanden in der Verbannung oder im Ausland, wo die Angst vor dem deutschen Geheimdienst ihre Lippen versiegelte. Falls sie überhaupt zu sprechen wagten, wurde ihre Geschichte als Phantasieprodukt abgetan oder im Keim erstickt: Immerhin war Deutschland vor 1939 für viele Länder eine befreundete Nation, und diese Freundschaft kostete manchen Flüchtling nach der Zurückweisung an der Grenze das Leben.

Eine andere Funktion der Konzentrationslager war ihre Rolle als Übungsplatz für die Amoralität. SS- und Polizeiführer Theodor Eicke trennte die Totenkopfverbände von der allgemeinen SS ab und setzte sie als Wachtruppen in den Lagern ein. Sie wurden zu abgehärteten Elite-Truppen ohne moralische Skrupel ausgebildet, falls sie solche überhaupt jemals gekannt hatten. Der Rekrutierungsbereich war fast identisch mit dem der SA: frustrierte Angehörige des Mittelstandes, arbeitslose Landarbeiter und kleine Handwerker, fanatische Wehrmachtsangehörige und viele andere. Die Offiziere waren ehemalige Lehrer, stellungslose Bürobeamte, Offiziere der Wehrmacht, Polizisten ohne Aussicht auf Beförderung und Parteianhänger, deren Gewissen durch politische Morde nicht beschwert wurde.

Die Ausbildung unter Eicke war auf kalten Haß und unpersönlichen Vernichtungswillen ausgerichtet. In den Augen dieser SS-Leute war ein Häftling, gewisse reichsdeutsche Berufsverbrecher vielleicht ausgenommen, minderwertiger als Ungeziefer, das ausgebeutet und vernichtet werden mußte. Für deutsche Kriminelle diente das Lager als Ort der Umerziehung, aber auch bei ihnen galt die Entlassung als Ausnahme. Sie wurden vielmehr als regelrechte Handlanger der SS eingesetzt, als Kapos bei den Arbeitskommandos, als Block- und Lagerälteste: ein mafiaartiges Netzwerk aus Korrumpierung und Korruption. Nur sehr selten bekleideten politische Häftlinge ähnliche Funktionen. Buchenwald war in den letzten Kriegsjahren eine Ausnahme. Das Chaos, das die Kriminellen dort angestiftet hatten, war so groß, daß die SS-Leitung sich genötigt sah, sie durch politische Gefangene zu ersetzen. So manches Menschenleben ist dadurch erhalten geblieben.

Die Funktion »Vernichtung durch Arbeit« zeigt die Absurdität des Systems schlechthin. Die oft gehörte Bemerkung, im Lager würde Sklavenarbeit verrichtet, beruht auf einem Mißverständnis. Sklaven bedeuteten seinerzeit ein Vermögen für ihren Besitzer. Die Erhaltung ihrer Arbeitskraft war wichtig, ihre ordentliche Verpflegung daher unumgänglich. Im »univers concentrationnaire« diente die Arbeit als Vernichtungsmittel. Die Vergeudung von Menschenleben ist beispiellos in der Geschichte. Erschöpfte Gefangene waren zum Tode verurteilt.

Im letzten Kriegsjahr widersetzte sich Oswald Pohl, Chef des Wirtschafts- und Verwaltungshauptamtes, dieser Vergeudung von Arbeitskräften. Nicht aus humanen Erwägungen, sondern weil er Sklaven für die Kriegsindustrie brauchte.

Bis zum Ausbruch des Krieges dienten die Lager auch als Geiselreservoir. Vor allem Juden wurden von den Nationalsozialisten als Mittel der Erpressung benutzt, um die Kriegspläne ungestraft ausführen zu können. Als die Alliierten, mit Ausnahme der Vereinigten Staaten, Deutschland nach dem Einfall in Polen den Krieg erklärten, begann fast unmittelbar darauf die Massenvernichtung der baltischen Juden und in Buchenwald fanden die ersten Massenexekutionen statt.

Für einen Außenstehenden muß es unbegreiflich gewesen sein, daß eine relativ kleine Anzahl von SS-Leuten Hunderttausende Gefangene in ihrer Gewalt halten und in den späteren Kriegsjahren Millionen Häftlinge in den Tod treiben konnte. Widerstand, Sabotage und sogar Flucht kamen vor, wenn auch sehr selten. Das lag nicht an der Passivität der Gefangenen, an ihrem erloschenen Lebenswillen oder an ihrer Feigheit. Solche Etikettierungen in derartigen Situationen sind irreführend. Die unvorstellbar grausamen Repressalien waren nicht der einzige Grund, daß der Terror sich behaupten konnte. Tag und Nacht hatten wir den gewaltsamen Tod vor Augen; nur die Art des individuellen Sterbens war verschieden.

Die Strategie, mit der die SS die Gefangenen unter der Knute hielt, war alt und bewährt. Schon Machiavelli kannte sie. Die SS hetzte ihre Opfer wohlüberlegt gegeneinander auf und übte eine konsequente Politik des »teile und herrsche«. Dazu benutzten sie die Gegensätze zwischen den Nationalitäten, Religionen, Geschlechtern, Altersgruppen, Charakteren und ehemaligen Positionen. Außerdem besaßen sie einen unfehlbaren Instinkt für das Böse: mit Treffsicherheit fanden sie die verwandten Seelen heraus, die ihnen bei ihren Aufgaben helfen konnten und wollten.

Unter Massenvernichtung versteht man oft die Vernichtung durch das Zyklon-B-Gas in Auschwitz, Treblinka und Sobibor.

Doch so einfach ist das nicht: Bergen-Belsen hatte keine Gaskammern und dennoch kamen dort Zehntausende um durch Hunger, Schmutz und Seuchen. Mauthausen erhielt erst kurz vor Kriegsende eine Gaskammer; vorher erschoß oder erschlug dort die SS die Häftlinge oder ließ in den Steinbrüchen Felsbrocken auf sie herabstürzen. Viele Wege führten zum Ziel. In einem Lager bediente man sich der einen Methode häufiger als in den anderen, aber grundsätzlich waren es überall dieselben, die uns vernichten sollten; zu viele und zu grausame, um sie hier einzeln aufzuzählen.

Immer dieselben Fragen kreisen wie Hornissen in meinem Kopf: Wie war es möglich, daß in einem solchen Inferno viele Menschen das Jahr der Befreiung erlebten? Wie war es möglich, daß Menschen es dort monatelang, manchmal jahrelang aushielten? Und wie ist es möglich, nach der Rauchwolke über Birkenau weiterzuleben?

Fast keiner von uns, der das Ende des Krieges überlebte, konnte das Wunder der Befreiung begreifen. Bei der Rückkehr in unsere Heimatländer wurden wir selten mit offenen Armen empfangen. Die Menschen dort wollten nicht nochmals mit Elend, weder mit dem eigenen noch mit fremdem, konfrontiert werden. Wir selbst trugen das Unsere zum Schweigen bei, weil wir uns nicht zu äußern vermochten. So rasch, wie es unsere angegriffene Gesundheit zuließ, vergruben wir uns in Arbeit.

Das Überleben war für uns ein Rätsel, das wir mit Schuldgefühlen zu lösen versuchten: Warum nicht sie, warum wir? Waren wir härter, hatten wir mehr Glück gehabt, waren wir besser oder schlechter? Eine Antwort darauf weiß weder ich noch sonst irgend jemand.

Natürlich ahnen wir, warum unsere Überlebenschancen um einen winzigen Bruchteil größer waren als die der älteren Schicksalsgefährten, vor deren Augen Frauen und Kinder in Rauch aufgingen. Obwohl die meisten von uns ihre Eltern auf die gleiche

Weise verloren, ist es denkbar, daß der Verlust der Familie bei erwachsenen Männern oder Frauen viel tiefere Wunden schlägt. Außerdem waren wir junge, gesunde Burschen. Wir kamen aus Familien, die selten Armut gelitten und die uns mit Liebe umgeben hatten. Im Laufe der Jahre lernten wir, die von Menschen ausgehenden Gefahren zu wittern, und wußten instinktiv, wo wir Hilfe erwarten konnten.

Doch bei der Befreiung waren auch wir menschliche Wracks, dreiviertel der Jungengruppe war im letzten Kriegsjahr umgekommen.

»Wir leben in gestundeter Zeit« sind die Worte, die wir alle sagen. Sie deuten das Geheimnis an, das unergründlich ist.

Mit der gereiften Ironie des Opfers einer jahrelangen Verfolgung sagte ein polnischer Jude bald nach der Befreiung zu mir: »Wenn du normal aus den Lagern herauskommst, bist du verrückt.« An diesen Satz wurde ich erinnert, als Honza S. und seine Ehefrau mich einige Wochen nach meiner Rückkehr aus Kanada besuchten. Er hatte die Fragenliste bei sich, die ich ihm zwei Jahre zuvor geschickt hatte.

Sein Gesicht erkannte ich nicht wieder nach all den Jahren, nur die vorstehenden Augen kamen mir vage bekannt vor. Sie waren ein hübsches Paar, er und seine Yvette. Seine Figur verriet sportliches Training, sein Auftreten Sicherheit und seine Gesichtsfarbe die verschwenderische Sonne Brasiliens. Sie kamen geradewegs aus São Paulo.

Unsere Freunde Robin in Toronto und Misha in Boston hatten mir seinen Spitznamen aus dem Jahr 1945 verraten. »Gorilla« hatte man ihn hinter seinem Rücken genannt. Erst später, als er wieder bei Sinnen war, erfuhr er vom Psychiater der Luftwaffenbasis Hörsching, warum seine Gefährten ihn zum Affen abgestempelt hatten.

Honza, der sich im anderen Erdteil Ian nannte, wurde zusammen mit einigen anderen »Jungen« im Holzfällerlager bei Gunskirchen von den amerikanischen Truppen befreit. Im Krankenhaus erholte er sich vom Typhus und von den anderen Krankheiten, die er sich in der Gefangenschaft zugezogen hatte. Mit seinen Kameraden, die alle mehr oder weniger von denselben Leiden geplagt wurden, lag er in einem kleinen Saal, als er plötzlich den Verstand verlor, die Möbel kurz und klein schlug, sich wie ein Gorilla von einem Dachbalken zum anderen hangelte und sich vor den Pflegern hinter Schränken, auf dem Dachboden oder im Keller versteckte. Er erkannte niemand mehr, brüllte in Panik und wurde schließlich in einer Zwangsjacke abgeführt.

Honza sitzt mir gegenüber in meinem Arbeitszimmer. Auf seinen Knien liegt die Fragenliste. Er braucht kaum hinzuschauen, er kennt die Fragen. Als wolle er meine eventuellen Zweifel an seiner geistigen Verfassung ausräumen, kommt er sofort auf seine Anfälle von Berserkerwut und die Monate totalen Gedächtnisausfalls zu sprechen. Er kann jetzt ohne Hemmungen, sogar mit leichter Selbstironie darüber reden.

Seine Lagerzeit unterscheidet sich nicht wesentlich von der Robins und dessen Bruder. Ihre Vorgeschichte ist teilweise anders: Honzas Vater war kein Intellektueller, seine Mutter dagegen sehr künstlerisch veranlagt und er, als einziges Kind, der Mittelpunkt elterlicher Sorge.

In Theresienstadt kam er mit anderen gleichaltrigen Jungen in ein Zimmer des Jugendhauses L 417, berühmt wegen eines Lehrers, der seinen Schützlingen alles beizubringen versuchte und Wachen aufstellte, die einen nahenden SS-Mann rechtzeitig meldeten, denn der Unterricht war verboten. Honzas Vater, der großen Wert auf die Ausbildung seines Sohnes legte, machte nachts nach dem schweren Tagewerk für ihn schriftliche Aufgaben und steckte sie ihm heimlich zu. »Eine dieser Arbeiten habe ich nie vergessen. Einige Tage vor der Pessach-Woche hat er ein großes Blatt mit Pharaonen und Pyramiden für mich gezeichnet und die Namen darunter geschrieben: Ramses, Tutanchamun, Cheops und Gise.«

Honza kam zur selben Zeit wie ich nach Birkenau und wurde derselben Selektion unterzogen. Er stellte sich neben seine großen, athletischen Freunde Robin und Martin, wurde jedoch zu leicht befunden für das Leben. Robin gab ihm den Rat, zurückzutreten und sich hinten in die Reihe neben einen kleinen Jungen zu stellen. »Der Junge hatte Nummer A-1831, ich A-1832. Wir waren in demselben Viehwaggon nach Auschwitz gekommen. Als wir vor Mengele standen, wies er den Jungen zurück, aber ich kam diesmal durch.« Ian schaut an mir vorbei, als stünde das Bild von damals hinter mir. Er ist in Gedanken und vergißt, daß ich zuhöre: »Mengele war ein schöner Mann und ich hatte eine Art idiotisches Vertrauen zu ihm, daß er uns verschonen würde. Zu jener Zeit war ich schrecklich abergläubisch und dachte, daß Gott mir helfen werde. Manchmal sah ich ganz konzentriert auf den Rücken eines SS-Mannes und glaubte fest, daß ich ihn durch meinen Blick und meinen Willen töten könnte. Wenn ich ihn dann am nächsten Tag beim Appell wiedersah, fühlte ich mich von Gott verraten. Immer wenn ich danach Menschen beten sah, geriet ich in Wut. Warum wehrten sie sich nicht? Warum schlugen sie nicht zurück?«

Seine Erregung läßt nach, er spricht wieder zu mir. Eine Anekdote folgt der anderen: »Einmal waren wir reiche Leute im Männerlager, wenn auch nur für ein paar Tage. Robin und ich hatten Salz gestohlen. In den Küchen wurde gerade salzlos gekocht, weil der Nachschub nicht geklappt hatte. Wir tauschten Salz gegen Schuhe, Hemden und eine Decke. Sogar ein Messer besaß ich. Dann war plötzlich wieder Salz im Essen und unser Kapital war dahin.«

Die Chronologie seiner Erinnerungen beginnt sich zu verwirren. Ian erzählt von Angstvisionen damals und jetzt, von Alpträumen, die ihn quälen, von seinem Schutzengel Bully, einem Kommunisten, der ihn bei den politischen Gefangenen untertauchen ließ und ihm damit das Leben rettete. Auf meine Frage, ob er damals an das Leben außerhalb des Stacheldrahtes gedacht habe, an ein normales Leben mit genügend Essen, Wärme, Musik und guten Büchern, sieht er mich schmunzelnd an: »Im Lager habe ich nur an mich und meine Selbsterhaltung gedacht. An nichts anderes. Wo und wie ich Nahrung oder Kleider stehlen könnte, wie ich es anstellen sollte, um keine schwere oder gefährliche Arbeit zu kriegen, wie ich einen Löffel, einen Suppennapf, ein Messer organisieren könnte, oder ein Stück Schnur, um meine Hose festzubinden, oder ein paar passende Schuhe.

Wir waren eine Art Kommune, Robin, Martin, Paul und ich. Wir haben alles geteilt. Nur Paul spielte ein falsches Spiel. Wir schlossen ihn aus, doch er wußte sich allein zu helfen. Ich war sehr umsichtig und bereitete alle Raubzüge und Transaktionen sehr genau vor. Von einem französischen Hochschullehrer, einem Maquisard, den wir ›le maître‹ nannten, lernte ich mich durchzuschlagen. ›Se débrouiller‹ nannte er das.

Nach dem Krieg wurde ich von einer Prager Familie aufgenommen. Die Leute waren gut zu mir, aber ihre Ehe war zerrüttet. Die Frau unternahm mehrere Selbstmordversuche und mußte in eine psychiatrische Anstalt eingeliefert werden. Ich besuchte sie dort oft, hatte aber immer Angst, daß man mich dabehalten könnte. Der Mann war ein hoher Bonze in der Partei und kam selten nach Hause.«

Seine Erzählung löst Trauer und Schmerz in mir aus. Ich sehe die dunklen Straßen in Prag vor mir, in denen ein verwirrter vierzehnjähriger Junge seinen einsamen Weg finden muß, und projiziere meine eigene Heimkehr in die Niederlande auf den Bildschirm meiner Erinnerung.

Ians Stimme klingt zornig, als er den Vorfall schildert, der ihn dazu bewog, die Heimat zu verlassen. »Ich ging zum ersten Mal ins Gymnasium. Ein Junge versperrte mir den Weg zur Tür der untersten Klasse und sagte grinsend: ›Für Juden verboten.‹ Ich schlug ihm ein paar Zähne aus, und damit war meine Schulzeit zu Ende.«

Beinahe heiter fährt er fort: »In London kam ich zu einem entfernten Onkel, der mich in einer *boarding-school* unterbrachte. So brauchte er mich nicht in seine Familie aufzunehmen. Nach ein paar Monaten lief ich fort und landete in einem Auffangheim für Lagerkinder irgendwo in Schottland. Man schickte mich in eine Art Ausbildungs-Kibbuz, wo wir auf das Leben in Israel vorbereitet wurden. Dort wurde ich jüdischer, als ich je zuvor gewesen war. Nicht fromm oder so, sondern selbstbewußt. Ich war wieder jemand. Ich machte eine Lehre als Automechaniker und Elektriker und wollte zur israelischen Armee, aber statt dessen verschlug es mich nach Südamerika. Ein Verwandter in Rio de Janeiro hatte mich kurz vor meiner Abreise nach Israel zu sich eingeladen.

Im Erdteil der scheinbar unbegrenzten Möglichkeiten blieb ich hängen. Ich verdiente gut und sah schließlich ein, daß man mehr aus seinem Leben machen kann. ›Se débrouiller‹, sich durchzuschlagen, ist nicht genug. Wie mein Freund Robin sehe ich ein, daß die Kunst mehr ist als nur schmückendes Beiwerk des Lebens.«

Eine Weile ist es still. Dann sieht er mich mit einem durchdringenden Blick an und sagt: »So wie damals vor der Tür des Prager Gymnasiums reagiere ich noch immer. Mein Jüdisch-Sein lasse ich nicht verspotten.«

Als wir das Wohnzimmer betreten, sehen unsere Frauen uns an, als kämen wir wie Bergarbeiter aus einem verschütteten Schacht. Besorgnis spiegelt sich in ihren Mienen. Allerdings haben wir in den dunklen Gängen der Vergangenheit gegraben, aber verschüttet worden sind wir nicht. Ian noch weniger als ich. Mir will scheinen, als habe er die schwarzen Jahre seiner Kindheit besser in sein Leben eingebaut als viele andere unserer Kameraden.

Wir plaudern, als sei der Besuch eine Teevisite unter Freunden. Alles ist so normal, so gemütlich. Wir schlittern an Abgründen entlang und schließen die Augen vor ihrer Existenz.

Yvette, deren Eltern über Drancy in den Osten verschwunden sind, trägt um den Hals ein dünnes Kettchen mit dem hebräischen Zeichen'ח, dem *chai*, dem Symbol des Talmudgebotes, das Leben zu achten. Sie bemerkt meinen Blick, berührt mit der Hand das Zeichen und sagt lächelnd: »Wir nehmen uns das Gebot zu Herzen.«

1982–1990

Glossar

Bar-Mizwa: Feier in einer Synagoge, bei der ein dreizehnjähriger Junge den religiösen Status eines erwachsenen Mannes erhält und die in der jüdischen Religion vorgeschriebenen Pflichten übernimmt; auch gebräuchlich für den Jungen während der Feier.

Blockältester: KZ-Häftling, Leiter einer Baracke oder eines Blocks

Chuppa: Hochzeitsfeier, Traubaldachin

Hagana: militärische Organisation der Juden in Palästina vor der Gründung des Staates Israel im Jahre 1948, danach in der israelischen Armee aufgegangen

Jarmulka: Käppchen

Jeckes: Spottname für deutsche Juden

Jeschiwa: Talmud-Hochschule

Jeschiwa-Bocher: Schüler an einer Talmud-Hochschule

Kaddisch: Gebet für Verstorbene

Kiddusch: Einweihung eines jüdischen Festtages mit einem Festtrunk

Massel-tow: Glückwunsch

Medine: wörtlich: Domäne, Bezirk, meist in der Bedeutung von Provinz. In den Niederlanden: Juden, die nicht in Amsterdam wohnen

Menora: siebenarmiger Leuchter

Mesusa: kleine Kapsel am Türpfosten mit einer Pergamentrolle, auf der ein heiliger Text aus der Thora steht

Mincha: Nachmittagsgebet

Muselmänner: ausgemergelte, dem Tod geweihte Häftlinge in einem Konzentrationslager

Pejes: Schläfenlocke

Sabbat: wörtlich: Ruhetag, vom Sonnenuntergang am Freitag bis Sonnenuntergang am Samstag

Sabras: in Israel geborene Juden

Schreiber: hier: Gefangener in der Funktion eines Schriftführers

Stetl: Dorf oder Städtchen; inbesondere jüdische Gemeinden in Osteuropa, wo das kulturelle Leben der Juden vor dem ersten Weltkrieg einen wichtigen Platz einnahm

Streimel: Mützen mit breiter Pelzkrempe, von chassidischen Juden während des Sabbats getragen

Tallith: Gebetsmantel, getragen beim Morgengebet in der Synagoge

Talmud: im ersten Jahrhundert n. Chr. Sammlung von Kommentaren zum Alten Testament, die das gesellschaftliche, bürgerliche und religiöse Leben der Juden regeln

Thora: der Pentateuch (die fünf Bücher Mose), in weiterer Bedeutung: die Gesamtheit der heiligen Schriften der Juden

Ein Wort des Dankes

Soweit die gesetzlichen Bestimmungen es zuließen, habe ich in den folgenden Instituten zu den gesammelten Augenzeugenberichten und Prozeßakten Zutritt erhalten, wobei mir die Mitarbeiter dieser Einrichtungen viel Interesse, Verständnis und Gastfreundschaft entgegenbrachten. Insbesondere dem Rijksinstituut voor Oorlogsdocumentatie in Amsterdam, dem Archiv von Yad Vashem in Jerusalem, der Wiener Library in London, dem Centre Documentation Juive Contemporaire in Paris und dem Holocaust Center in Brooklyn bin ich zu großem Dank verpflichtet. Ebenso dem Stichting Fonds voor Letteren, der Etty Hillesum Stichting und dem Februari 1941 Fonds, die mir die Arbeit in den Archiven und die Interviews mit meinen ehemaligen Mitgefangenen finanziell ermöglicht haben.

Die Atmosphäre der Freundschaft und Herzlichkeit während der langen Gespräche, die ich mit meinen Schicksalsgefährten in vielen Ländern führte, hat mir das schwere Thema erträglich gemacht. Mit vielen von ihnen verbindet mich jetzt ein inniges Band.

Tilly Hermans, meine Redakteurin beim Verlag Meulenhoff, war stets kreativ, kritisch und voller Interesse. Ihre Ermutigungen waren von Verständnis und Mitgefühl begleitet.

Ohne die Anteilnahme, das zuhörende Herz und das Verständnis meiner Frau wäre dieses Buch nicht zustandegekommen.